精益六西格玛
医院管理

原理、方法和案例

王丹　苏杰　商浚哲　编著

机械工业出版社
CHINA MACHINE PRESS

本书聚焦于两个基本问题：什么是精益六西格玛（知道），以及我们该怎样使用它（做到）。这也构成了本书的前两章。在随后的各章中，本书通过一个个医疗实例，展示了精益六西格玛如何帮助国内的医疗机构在一个更具挑战性的环境里蓬勃发展。挑战可能来自患者、医保机构、政府，他们都期望医疗机构能够以最低的成本，提供更安全和更快捷的医疗服务。另外，本书专门在附录部分集中介绍了精益六西格玛的几个常用工具——我们最常用的一小组工具，使用好它们就足以解决医院的大部分问题。

图书在版编目（CIP）数据

精益六西格玛医院管理：原理、方法和案例 / 王丹，苏杰，商浚哲编著. -- 北京：机械工业出版社，2024.3
ISBN 978-7-111-75248-6

Ⅰ.①精… Ⅱ.①王…②苏…③商… Ⅲ.①医院-管理 Ⅳ.①R197.32

中国国家版本馆 CIP 数据核字（2024）第 050183 号

机械工业出版社（北京市百万庄大街 22 号　邮政编码 100037）
策划编辑：朱鹤楼　　　　　责任编辑：朱鹤楼
责任校对：郑　雪　李　杉　责任印制：单爱军
北京联兴盛业印刷股份有限公司印刷
2025 年 9 月第 1 版第 1 次印刷
145mm×210mm・8.375 印张・3 插页・162 千字
标准书号：ISBN 978-7-111-75248-6
定价：75.00 元

电话服务　　　　　　　　　网络服务
客服电话：010-88361066　　机　工　官　网：www.cmpbook.com
　　　　　010-88379833　　机　工　官　博：weibo.com/cmp1952
　　　　　010-68326294　　金　书　网：www.golden-book.com
封底无防伪标均为盗版　　　机工教育服务网：www.cmpedu.com

推荐序

王丹教授的《精益六西格玛医院管理：原理、方法和案例》即将付梓出版之际，我有幸先睹，学习之后，大受裨益。

管理是一门科学也是一门艺术。管理没有统一的定义，一般是指在特定的环境条件下，对组织所拥有的资源进行有效的计划、组织、指挥、协调、控制及创新，以期高效地达到既定组织目标的过程。"医院管理"到底应该怎么管理、管什么、理什么？《精益六西格玛医院管理：原理、方法和案例》破解了"科学管理之父"——弗雷德里克·W. 泰勒和"质量管理之父"——威廉·爱德华兹·戴明的经典管理理论，并介绍了4个分析工具、5个改进工具和"五常法则"等，这些不是名词术语而是具体实用的方法。书中通过在医院手术室、影像科、设备管理等相关科室的一个个医疗管理实例，传授通过机构变革、技术变革和人员变革，推动长期的、整个组织范围的变革活动，呈现了操作性极强的短平快"千金妙方"，是管理理念的转变、管理方法的转变，是掌握和应用规律改变现状的"葵花宝典""武林秘籍"。《精益六西格玛医院管理：原理、方法和案例》不仅适用于医院管理者和医疗专业人员，也适用于其他行业人员的触类旁通。学会和运用好精益六西格玛医院管理，有利于推进医疗机构高质量发展，能够以最低的成本，为人民群众提供安全、适宜、优质、高效的医疗卫生服务。

刘福东

中国医院协会副秘书长、武警部队原卫生部副部长

前　言

本书主要写给国内医疗卫生行业的从业者，无论你是医疗专业人员还是医院管理干部，书中内容都能让你受益良多。如果你是一个急性子，建议你略过本书的前言部分，直接从第一章看起。因为在前言部分，我们希望能有个机会与读者一起从容地讨论一些更宏大、更深刻的问题，这些问题能够为理解本书的主题——精益六西格玛医院管理提供完整的背景，也能够解释为什么我们要写这样一本书，但探讨这些问题，确实既不解渴，也不止痒，很不符合当今的知识快餐文化。

未来需要的医学人才

虽然美国的医学教育体系是世界上公认最好的，但它正面临巨大的挑战。对于这一危机认识最清楚的，恐怕就是哈佛大学商学院的克莱顿·克里斯坦森（Clayton Christensen）教授。作为全球最杰出的战略专家和当代最伟大的创新大师之一，他在《创新者的处方：颠覆式创新如何改变医疗》一书中，用了整整一章的篇幅⊖来描述医学教育的未来。他认为当今美国医学院的培养体系仍然沿袭着100年前的旧习——整个医学教育的目标就是培养出"独立展现各自手艺的个体艺术家"。因此他强烈建议，医学教育必须培养未来的医生能够更好地创建、改进、管理各种（工作）流程和系统。

克里斯坦森教授的观点使我们感到困惑。难道医疗行业不应该术业有专攻吗？为什么要煞费苦心地训练医生的"行政能力"？有这个必要吗？是不是不务正业？我个人极为赞同克里斯坦森教授的观点，原因很简单，一个世纪前医生单枪匹马治疗患者的时代已然过去。当众多的医务人员被组织起来，共同救助同一位患者的时候（这是现代医院运行的基本模式），一定有人在决策、有人在执行，也一定有人在主导、有人在支持，工作中还免不了各种沟通协作，甚至是产生分歧、发生冲突……这些医疗业务活动已经远远超出了传统医学的范畴，开始进入另一个学科——管理学的世界。

流程管理和精益六西格玛

对"管理"一词最通俗的理解就是"管人"和"理事"，它们恰好代表了管理学的两大"门派"（准确地说，是两种范式），

⊖ 全书只有十一章。

就像我们的医学有中医、西医之分。"管人"一派顾名思义,非常关注组织中人的因素。这派学者认为,无论产–供–销还是人–财–物,组织中任何领域或任何环节出现问题,只要你不停地问"为什么"(又称 5W 分析法),几乎都可以问责到人。也就是说,所有问题产生的根源都与人相关。不仅如此,解决这些问题,也要靠人。这可真是"以人为本"。这派学者中有很多人坚持,管理的本质就是管人。不信?问你一个问题:区分管理者与被管理者的标志是什么?答案是,有没有下属㊀。所以管理的本质就是用好你的下属,或者说提升员工的绩效㊁。管理者日常所做的大部分事情——分工、合作、激励、领导、培养、考核等,都是基于这个门派的研究。他们最重视解决人们"不想干""不会干""不能干"的问题。

与此相对应,管理学的另一派非常重视"事",更正式一点的说法是工作的方式和方法,最专业的说法是流程。本书的主题——精益六西格玛医院管理,讲的就是医院的流程管理,并且是对当今众多医院流程管理知识方法的集成和提炼。

管理流程派的历史渊源和思想基础可以追溯到两位伟大的"父亲":一位是科学管理之父;另一位是质量管理之父。

㊀ 不管你的行政级别有多高,只要没有下属,你就不是管理者。
㊁ 医疗行业常把"绩效"当作奖金,而回到"绩效"一词的摇篮——管理学,"绩效"专指表现,员工绩效就是一名员工的表现,医院绩效就是一家医院的综合表现。

"科学管理之父"——弗雷德里克·W. 泰勒（Frederick W. Taylor，1856—1915）

今天的管理学者之所以自称是社会科学家，恐怕要感谢泰勒的贡献。1911年，泰勒出版了那本管理史上的旷世之作《科学管理原理》（Principles of Scientific Management），现代管理理论就此诞生。在书中，泰勒提出了两种管理模式之争："积极性+激励"（旧模式）和"科学管理"（新模式），并且声称，新模式比旧模式要"好得多"！

什么是"积极性+激励"模式？当时（100多年前）最有经验的管理者会坦率地将"什么是最好的工作方法"这类问题交给工人去思考。他们认为自己的任务就是让工人充分发挥其"积极性"，同时作为回报，他们必须给予工人额外的"激励"。在这种模式下，绩效工资制度（如计件工资、津贴计划和红利机会等）几乎成为整个管理制度的核心。

什么又是科学管理模式？我们可以理解为四条管理原则，或者管理者要承担的四项新任务。

第一，对工作提出科学的操作方法，以代替过去的经验和传统。

第二，科学地挑选和培训工人，以代替过去工人的自我培训和自我发挥。

第三，与工人密切协作，确保所有工作按照已形成的科学原理进行。

第四,管理者和工人平分工作和职责。

总而言之,在"积极性+激励"管理模式下,所有问题实质上由工人决定,而在科学管理模式下,将近一半的问题由管理者决定。

科学管理的思想光耀百年,即使以我们今天的眼光来看,仍有醍醐灌顶之感。泰勒实际上是在号召一场由管理者发起的流程变革,去主动改变我们工作中的各种习以为常和顺理成章。

"质量管理之父"——威廉·爱德华兹·戴明(William Edwards Deming,1900—1993)

国内很多医院都会张贴 PDCA 的宣传画,这个循环又被称为戴明环。戴明花了很多时间来说服大众:大多数的质量问题源自流程而非人。在 60 多年的职业生涯中,他提出了"85/15 规则"——85% 的问题都源自系统(system)和流程(process)的缺陷,而非员工。管理者的角色应该是改变流程,而不是纠缠于如何让员工做得更好。

无论企业、政府、高校还是我们的医院,大多数基层员工都会毫不犹豫地接受戴明博士的观点。毕竟,他们就是那些低劣流程的直接受害者(其实更惨的是他们的服务对象——顾客、公民、学生和患者)。可是他们的上级却很容易反对戴明博士,因为这些"职业管理者"接受的训练是,当出现问题时要找出"谁该负责"。在人员和流程的天平上,管理者总是不自觉地偏重人的一边。也许管理人更容易一些吧!(我无意冒犯各位人力资源专家。）

在戴明博士生命的最后几年，他承认 85/15 的比例可能是错的。他认为更有可能的是，96% 的问题是工作系统本身造成的。他的结论是，单个员工只能控制大约 4% 的问题！

在泰勒和戴明开创性工作的基础上，越来越多的管理专家开始把目光聚焦在流程上。经过百年的发展演变，终于进化出了我们这个时代最伟大的两套流程改进方法——精益和六西格玛。

从事制造业的朋友应该都听说过"精益"（Lean），一门专注于提升流程速度和效率的学问；经验丰富的工商人士也应该知道，"六西格玛"（6σ）几乎是当今最流行的质量改进方法。

如果用最简单的话来描述"精益"和"六西格玛"，前者关注如何使工作更快（效率），后者关注如何使工作更好（质量）。这几乎就是我们改进流程的两个基本方向。因此当二者合二为一，就会比以往任何流程改进方法都更具优势。这种强强联合、优势互补，使得"精益六西格玛"成为一套强大的完整的终极流程管理体系。

回到我们的医疗行业，其实大部分的医疗流程都设置得像一条传统的流水线，患者从一处移至另一处接受各种处理——挂号、缴费、分诊、检查、诊断和治疗，因此"精益六西格玛"的流程管理体系毫无悬念地被引入医疗机构。其实，如果你与欧美国家的医院院长谈论医院管理，大概率对方会提到"精益"或"六西格玛"。

本书特点

这些年国内医疗卫生行业发展迅速,不少医院都尝试过各式各样的流程改进(Process Improvement,PI)或者全面质量管理(Total Quality Management,TQM)。虽然大部分医务人员都接触过(至少是听说过)某种质量改进方法,但能够成功应用的人寥寥无几。所以,本书的目的是推动"精益六西格玛"在国内医院管理中的实际应用,而非讲解各种抽象的理论概念或者复杂的定量工具。当然,本书也不能成为一本厚厚的令人望而生畏的操作手册。因此全书仅聚焦两个基本问题:什么是精益六西格玛(知道),以及我们该怎样使用它(做到)。这也构成了本书的前两章。

在随后的各章中,本书通过一个个医疗实例,展示了精益六西格玛如何帮助国内的医疗机构在一个更具挑战性的环境里蓬勃发展。挑战可能来自患者、医保机构和政府,他们都期望医疗机构能够以最低的成本,提供更安全和更快捷的医疗服务。

另外,本书专门在附录部分集中介绍了精益六西格玛的常用工具。限于篇幅,我们无法将所有的工具一一列举,其实也无此必要。我们仅提供最常用的一小组工具,使用好它们就可以解决医院的大部分问题。

如果说本书有什么独到之处,我想至少有以下两点:

- 强调融合。不像课堂教学那样一定要对精益和六西格玛分门别类；
- 关注应用。试图用最少的理论准备，帮助你最快地进入实践。

王丹

目　录

推荐序
前　言

第 1 章　知道精益六西格玛　... 001

1.1　四个核心要素　... 002
1.2　要素一：取悦客户　... 004
1.3　要素二：改进流程　... 008
1.4　要素三：鼓励团队合作　... 015
1.5　要素四：依靠数据决策　... 018
1.6　其他常见术语　... 022

第 2 章　做到精益六西格玛　... 027

2.1　做好准备　... 028
2.2　步步为营：DMAIC　... 035
2.3　领导支持　... 045

第 3 章　手术室里的精益六西格玛　... 053

3.1　定义阶段　... 054
3.2　测量阶段　... 059
3.3　分析阶段　... 067
3.4　改善阶段　... 091
3.5　控制阶段　... 104
3.6　本章小结　... 106

第 4 章　影像科的精益六西格玛　... 107

4.1　定义阶段　... 109
4.2　测量阶段　... 112
4.3　分析阶段　... 116
4.4　改进阶段　... 123
4.5　控制阶段　... 129
4.6　本章小结　... 130

第 5 章　护理部的精益六西格玛　... 131

5.1　定义阶段　... 132
5.2　测量阶段　... 135
5.3　分析阶段　... 138
5.4　改进阶段　... 149
5.5　控制阶段　... 160
5.6　本章小结　... 162

第 6 章　急诊科的精益六西格玛（一）　… 163

6.1　定义阶段　… 165
6.2　测量阶段　… 170
6.3　分析阶段　… 172
6.4　改进阶段　… 181
6.5　本章小结　… 184

第 7 章　急诊科的精益六西格玛（二）　… 185

7.1　定义阶段　… 186
7.2　测量阶段　… 190
7.3　分析和改进阶段　… 219
7.4　本章小结　… 221

附　录　精益六西格玛工具箱　… 223

定义工具 1：宏观流程图　… 224
定义工具 2：VOB/VOC/VOP　… 225
测量工具 1：帕累托图　… 227
测量工具 2：时间序列图（运行图）　… 228
分析工具 1：因果关系图（鱼骨图）　… 229

分析工具2：散点图 ... 230

分析工具3：亲和图 ... 232

分析工具4：八大浪费 ... 233

改进工具1：选择图 ... 236

改进工具2：5S 管理 ... 238

改进工具3：TPM ... 241

改进工具4：SMED ... 242

改进工具5：目视化管理 ... 244

控制工具1：控制图 ... 245

控制工具2：防错管理 ... 246

第 1 章

知道精益六西格玛

1.1 四个核心要素

提起精益六西格玛以及它在医疗行业的流行,实在是说来话长。我们不想一开始就长篇大论,更不愿意一上来就吓退读者。所以在本书第1章,我们打算去繁就简地介绍一下精益六西格玛的四个核心要素,如图1-1所示。

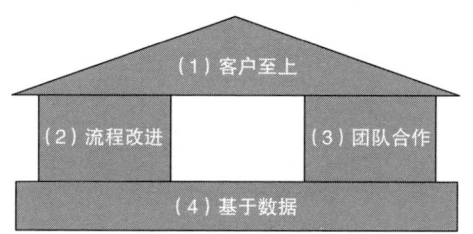

图1-1 精益六西格玛的四个核心要素

(1)客户至上⊖。精益六西格玛的根本目标是让客户满意,通常是用更好的质量(无缺陷⊜)、更快的速度⊜(无延迟)、更

⊖ 医疗行业的客户主要指患者。为了让患者满意,医疗服务需要满足"治得好"(质量)、"等得了"(时间)和"付得起"(价格)三方面的要求。

⊜ 缺陷泛指客户不接受的任何东西。

⊜ 更快的速度有时描述成更短的时间。

低的成本㈠（无浪费）向客户提供产品或服务。之所以使用"更"而不用"最"，是要强调"持续改进、永无止境"这样一种基本理念。

（2）流程改进。实现客户满意主要依靠两个抓手。第一个与"工作"有关。简单来说，通过控制变异㈡和消除缺陷，以及聚焦产品或客户如何在各工作环节流转，进而提升速度和减少浪费，持续改进工作流程。

（3）团队合作。第二个抓手与"人"相关，主要通过改变人的行为和态度，使不同部门、不同层级、不同工作环节上的员工，通过团队合作，高效地分享彼此的看法、共同解决问题。㈢

（4）基于数据。精益六西格玛要求所有的决策都要基于数据，也就是说，判断必须建立在事实的基础上，只依赖直觉经验或逻辑推理都是不够的。

单看上述任何一个要素，你都不会感到意外，不说老生常谈，也是似曾相识。但精益六西格玛的精髓就在于，必须将这四大要素紧密地结合起来才能真正解决问题㈣。你必须将每个员工的创造力、

㈠ 更低的成本意味着更低的价格。
㈡ 变异的通俗说法是波动。
㈢ 不管是推动流程改进，还是促成团队合作，实质上都是在发动组织变革，改良组织文化，都势必触及员工的思想和心理。
㈣ 所以我们在前面画了一个完整的房子，有地基、支柱和房顶，是一个非常贴切的比喻。

每组数据蕴含的信息以及你对客户和对流程的深刻理解结合起来，缺一不可！很多精益六西格玛改进项目失败的根本原因，就是没有同时做到这四点。接下来，我们将更详细地探讨这四个核心要素。

1.2 要素一：取悦客户

1.2.1 让客户定义质量

组织能够做到的，就是"以客户为中心"，或者说让客户来定义"质量"[一]。这里的"质量"可以是任何东西。比如在日常生活中，"质量"可以是法拉利的酷炫，也可以是路虎的彪悍，还可以是丰田的经济耐用（号称"开不坏"）。这完全取决于客户想要什么。最具竞争力的组织都肯花时间从客户的角度来理解每件事，并提供客户真正想要的东西。这就是为什么所有的精益六西格玛项目都要在启动时首先确认两个基本问题：

（1）你的客户是谁（Who）？

（2）他们最关心什么（What）？

在精益六西格玛的培训中，你会一直听到"客户之声"（Voice of Customer，VOC）。它用来表示，客户的需求和意见在产

[一] 质量有广义和狭义之分，即使精益六西格玛本领域的专家也没有形成共识。在上一节中将质量与时间、成本并列时使用的是狭义，而在本节讨论客户需求时显然是广义。

品和服务的相关决策中得到了充分体现。有多种 VOC 技术可以帮助组织实现（甚至领先于）客户的理想。有些非常简单，如追踪投诉电话；有些则较为复杂，如焦点小组（Focus Group）或访客站点。有兴趣的读者可以自行上网查询。无论你使用上述哪种技术和方法，最大的障碍其实是培养一种意识——任何关于产品和服务的决策都应该从客户开始。

需要提醒的是，客户不仅存在于组织外部，还存在于组织内部。想想看，你完成的工作在下一个环节会交给谁？你有没有问过这些"内部客户"（同事们），他们想从你这里得到什么？在你提供的信息、产品或服务中，什么对他们来说最重要？

1.2.2 质量、速度与成本可以兼顾吗

在精益六西格玛项目中，客户对某个产品或某项服务最关心的几个特征被称为"关键质量要求"（Critical to Quality，CTQ）。任何与 CTQ 相关的缺陷对组织来说都是致命的！

笼统来说，大部分的客户需求都可以简单归纳为：质量高、时间短和成本低。比如，网购一个商品或预订一项服务，我们希望它能尽可能快速、便宜且没有差错。质量、时间和成本的英文分别是 Quality、Time、Cost，缩写组合恰巧是 QTC。因此，CTQ 常常就反映在 QTC 上。

质量、速度和成本这三个目标看似不可兼顾，其实不然。很多时候，如果我们不能同时完成三个目标，就不能真正实现其中的任何一个。原因在于：

（1）"错"就会"慢"。一个发生很多错误的流程很难保持它的速度，高质量才使它有可能达到更快的速度。

（2）"慢"就会"错"。缓慢的流程容易出错？乍听之下似乎没有道理——不是慢工出细活吗？这里的关键是，我们应该关注整个流程的周转速度，而不是个别"站点"㊀的工作速度。想象一种最紧急的情况，比如你去医院看急诊，实际花了多少时间检查和治疗？又花了多少时间坐在那里等待？在绝大多数情况下，我们等待的时间要远远大于实际的工作时间。在制造业，看看车间或库房中有多少堆积到天花板的材料；在服务业也一样，想想你的手机、电脑或者办公桌上有多少短信、邮件或者文件等待处理㊁。坐着等着，倒霉的事情就发生了。在制造业，材料可能会过期或损坏；在服务业㊂，信息可能会过时。

（3）"错"和"慢"导致"贵"。质量低和速度慢使得产品或服务更加昂贵。一方面，次品、废品、返工返修对于成本的影响非常大；另一方面，任何材料库存、信息请求、客户订单，在它们被真正加工之前都是未完成的工作，你的组织已经为此支付了费用，却不能给客户开账单。

综上所述，唯一的出路就是同时提高质量和速度，以始终如一的低价格，去赢得竞争，获取利润！

㊀ 可以是一位员工，也可以是一台机器，或者一个服务窗口。
㊁ 服务业也有"库存"，只是"体积"不大而已。
㊂ 医疗属于服务业，患者的病情可能在等待中发生变化。

正是由于质量、速度和成本三者的紧密联系，精益六西格玛比以前的任何改进方法都更具优势。传统上，我们称为"六西格玛"的管理工具更注重质量而不是速度，而被称为"精益"的管理工具更擅长于改善工艺流程和提高速度，而不是质量。二者的结合使得"精益六西格玛"成为一个强大的终极管理工具。

1.2.3 小结

真正的"以客户为中心"可不是哪天心血来潮进行一场主题运动，也不是一年做几次满意度调查，它意味着要培养这样一种意识——我们的日常工作将由客户来重塑。你必须用客户的眼睛来重新审视自己的工作，全面检查当前的工作与客户需求之间的关系。你需要知道：怎样才能让客户高兴，客户将什么定义为高质量的工作，他们希望你的产品或服务以多快的速度交付以及他们将什么视为缺陷等。这可是一个翻天覆地的变化！

在医疗行业，当你的目光从忙碌的医务人员转移到焦急等待的患者，大概就是"以患者为中心"（Patient Centered Care）了。这时你就会发现，医院的不同科室之间（门诊、检验、财务、药房等）存在巨大的"间隙"（Gap）。也许你可以让每一位医务人员都干得更快，但是整个工作却似乎在变慢。这是因为有更多的患者被积压在不同的"站点"之间，这拉大了"间隙"。而这就是大多数人看待工作的方式——观察工作人员而不是观察他们之间的"间隙"。不信的话，举起你的右手，五指张开，你看到了什么？最可能的回答是你的手指，而不是手指的间隙。

1.3 要素二：改进流程

1.3.1 更关注"流程"而非"人"

一旦你开始了解客户，下一步就是找出一种方法来更好地交付他们想要的东西，答案之一就是改进组织的流程。

美国统计学家爱德华兹·戴明博士（Dr. Edwards Deming）先后在日本和美国发起和领导了质量运动。他花了很多时间来说服大众：大多数的质量问题源自流程而非人。在60多年的职业生涯中，他提出了"85/15规则"——85%的问题都源自系统和流程的缺陷，只有15%的问题确实是员工个人造成的。

无论企业、政府、高校还是医院，大多数一线员工都会毫不犹豫地接受戴明博士的观点。毕竟，他们是那些落后工作流程的直接受害者㊀。可是他们的上级却很容易反对戴明博士，因为这些职业管理者接受的训练是，当出现问题时要找出"谁该负责"。在"人"和"流程"的天平上，我们总是不自觉地偏重"人"的一边，也许管理人确实更容易一些吧！㊁

戴明博士在其生命的最后几年承认85/15的比例可能是错

㊀ 其实更惨的是他们的服务对象——顾客、公民、学生和患者。
㊁ 起码不用学三级抽象的统计学。

的。他认为更有可能的是，有96%的问题是工作系统本身造成的。他的结论是，单个员工只能控制大约4%的问题！

如果大多数问题都存在于流程和系统（就是口语常说的"体制机制"），这就意味着要想提高质量，必须改变工作的方式方法。这就是精益六西格玛关注流程改进的原因。

1.3.2 如何改进流程

因为大家每天都在工作，所以你或多或少都会具备一些流程的知识。但你通常不会专门去记录，也很少会与其他人专门讨论这些知识。当出现问题时，人们只是利用以往的经验或者通过反复的试错提出解决方案。

所有这些现行做法，随着精益六西格玛的出现都会改变，因为它强调：

- 要记录工作是如何完成的（构成流程的各个步骤）；
- 要检查不同"站点"之间的工作流（flow of work）；
- 要教给人们持续改进工作所需的知识和方法。

有各种各样的流程改进方法，本书只介绍其中几种，这些改进方法主要集中在以下两个方向：

- 减少质量或速度上的变异（缺陷的主要来源），主要源自六西格玛；
- 优化流程流（Process Flow）以提高速度、减少浪费，主要源自精益。

1.3.3 方向一：消除缺陷，减少变异

在精益六西格玛中，不能满足客户需求的东西被称为"缺陷"。如果你承诺的住院时间是3天，实际花了4.5天，这就是一个缺陷；如果你在录入病案首页时输错了手术操作编码，这也是一个缺陷。因为精益六西格玛强调从客户开始，所以它的一个直接目标就是消除缺陷。

当你开始运用精益六西格玛时，所面临的首个挑战可能就是定义和测量"缺陷"。因此必须时刻谨记，产品或服务的哪些方面对你的客户来说最重要（定义），然后想尽办法来确认你是否满足了这些需要（测量）。比如：患者和医生的关注点常常并不相同，你怎样才能发现患者其实更重视医生的耐心倾听和通俗解答？你又怎样才能确认患者得到了这样的服务？

另一个同样重要的挑战是监控你的产品或服务的"一致性"——客户能否持续地得到令他们满意的东西。想象一下，如果你今天提供了客户想要的东西，明天又没了，那么他们可能就会"用脚投票"。

与"一致性"相关的专业术语是"变异"（Variation），它是"六西格玛"的源头，它表示一个指标或一组数值的波动和变化。西格玛（Sigma）是希腊字母 σ 的发音，在统计学中代表"标准差"（Standard Deviation），用于衡量变异的大小。

我们知道，一切事物均在变化之中。精益六西格玛最关心的是事物变化的方式，或者说，变异中蕴藏的模式（Pattern）。因为它可以揭示问题产生的原因，并为寻找解决方案指明方向。

因为变异无处不在，所以在实践中我们经常需要了解①客户想要什么（他们的理想目标）；②客户认为什么是可接受的范围。例如，急诊检验科出报告的时间如果在 15 分钟以内，那么患者就会比较满意。在制造业中，这个可接受的范围被称为"规格"（Specifications）。

当你将流程的优劣与客户的需要进行比较时，你可能发现变异太大，超出了客户接受的范围，即不满足客户需求的流程（见图 1-2），这将产生许多缺陷，客户会认为你的产品或服务是不可预期的——有时他们能得到想要的，但很多时候却不行。

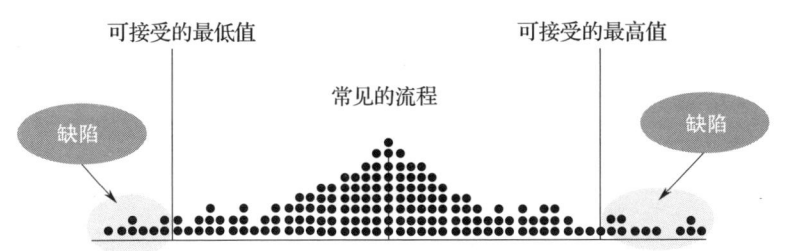

图 1-2　不满足客户需求的流程

相反，满足客户需求的流程如图 1-3 所示，是一个变异很小的流程。所有数据点紧密地围绕"中心线"（客户的理想目标）聚集。所谓满足客户需求的流程，就应该是这样的，因为客户认为这样的流程才可靠。

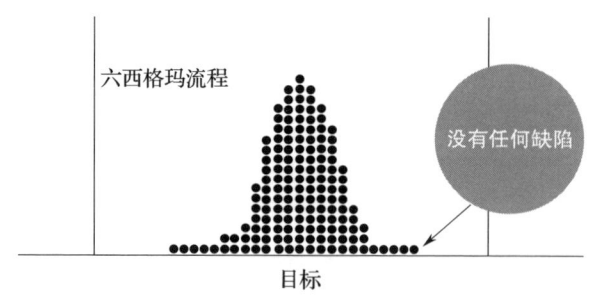

图1-3 满足客户需求的流程

没学过统计学的读者千万不要紧张,本书只要求你知道表1-1中"过程良率"(Process Yield)和"西格玛水平"(Sigma Level)之间的关系。过程良率是一个专业术语,表示质量足够好能成功卖给客户的产品或服务的百分比,你可以将其简单地理解为"合格率"。

表1-1 "过程良率"与"西格玛水平"的对应关系

过程良率(合格率)	西格玛水平
30.85%	1
69.15%	2
93.32%	3
99.38%	4
99.97%	5
99.99966%	6

表1-1表明,西格玛水平越高,合格率就越高。所谓六西格玛,就是产品和服务的合格率要达到99.99966%,反过来说就是次品率要低于百万分之3.4。次品率在精益六西格玛中被称为

"百万机会缺陷数"(Defects Per Million Opportunities,DPMO),即一百万个机会中可能产生的次品个数。

表1-1还表明,在提升西格玛水平的过程中,过程良率的增加幅度越来越小。从二西格玛(=69.15%)到三西格玛(=93.32%),过程良率提升的幅度超过30%。但所有大于四的西格玛水平,其过程良率都在99%以上。为什么会这样?因为流程运行得越好,提高过程良率就越难。换句话说,对一或二西格玛的糟糕流程进行改进相对容易,但对已经运行良好的流程再进行改进则非常困难。

一个通过减少变异而获得成功的完美案例就是美国联邦快递,它甚至创造了一个新的行业,因为它有能力兑现承诺的交货时间。试想一下,如果联邦快递承诺周一上午10点交货,实际上可能是在当天任何时候,你认为它还能生存多久?人们成为回头客,主要是因为他们相信自己的包裹会在保证的时间送达。

联邦快递的经验还表明,减少变异是服务业和制造业都应该关注的问题。

1.3.4 方向二:优化流程流

除了前面所讲的变异,流程的另外一个问题来源涉及产品或客户在不同环节中的流动,包括"流程步骤"(Process Steps)和"物理路径"(Physical Path)。加速流程的一个好方法是消除那些不必要的步骤,即不是为了满足客户需求的步骤;另一个好方法是重新设计工作空间中的工作流(Work Flows)。

这就是为什么精益六西格玛团队在项目早期都要流程绘图（Process Map），可能是一张显示空间的物理布局图（Physical Layout），也可能是一张显示工作先后步骤的流程图（Flowchart）。精益六西格玛团队仔细检查每一个步骤是否必要以及它为我们的客户增加了什么价值。

这里有一个例子：某公司的工程部因在产品的设计变更上花费太长的时间而受到批评。他们研究整个流程时发现，居然需要七位经理来审核：《设计变更通知》会被送给第一位经理，在收件箱里待几天，审核通过后传递给下一位经理，在另一个收件箱里再待几天，以此类推。难怪要花好几周的时间才得到批准！

团队仔细研究了全部七个签名的目的，意识到其中五位经理没有特别的专长，不能为这个流程做出贡献。因此，团队改变了程序，只要求两位经理审批，其他五位经理只是收到《设计变更通知》的副本，并不需要签名（因为知道这个事情正在进行，对他们五位的工作很有帮助）。现在，剩下的两位经理只需要不到一周的时间就可以完成审核，并启动下一步流程。

1.3.5 小结

流程改进是组织改善成果的重要方法。你必须检查工作是如何从上一个人或机器"流动"到下一个的，你必须观察变异以及它是如何影响流程的。最重要的是，你要成为一个"流程思考者"——根据流程中可能发生的事情来构思问题。通俗地讲，就是"对事不对人"。这种思维上的飞跃意义深远，如此方能避免你所在部门的工作（报告、订单、部件组装）完成得太迟或根本不正确时，所有人的本能都是寻找"该责怪谁"。的确，每个人都会时不时地把事情搞砸。但是一个流程思考者会理所当然地认为，大多数问题的产生是因为流程。因此，他们会问这样的问题：

是否清楚地沟通了对方的期望？

这个人是否拥有正确执行工作所需的所有信息、材料、设备等？

这个人是否接受过适当的培训？

是什么关键因素导致了这种糟糕的事情发生？

我们怎样才能防止类似的事情再次发生？

……

1.4 要素三：鼓励团队合作

1.4.1 营造团队合作的环境

我们常有这样一种感觉，很多时候某个流程问题会长期存在，似乎在顽固地证明它对所有的改进努力都"免疫"，但只要将这个流程所涉及的不同部门聚在一起，让他们用数据、事实和流程知识来找到根本原因，效果往往好得惊人。

在精益六西格玛的世界里，团队合作不仅仅指那些正式成立的团队，它还意味着营造一种鼓励成员们每天一起工作的环境——团队成员热衷于分享观点和互相学习；团队成员开诚布公地讨论和解决问题；团队成员不会把问题当作互相攻击或秋后算账的武器。

1.4.2 一起工作的技巧

提起工作团队（Work Team），大家都不会陌生，有人还会想象一个"同事之间相亲相爱的幸福画面"。但是当你真的参加了某个团队（有时也叫工作小组），你常常感觉并不舒服——可能你只是坐在那儿听了一个没完没了的会议；或者被夹在一场无休无止的争论中间，看他们一遍又一遍地重复相同的观点；当然还有可能干脆被埋在一片指责、牢骚和抱怨当中。

不能这样浪费大家的时间！

如果你正领导一个团队，请注意以下四点：

（1）和谐友善并不是高绩效团队的必要条件。大量研究告诉我们，脾气暴躁的团队也可以很高效。

（2）设定目标。每个团队成员都应该熟悉和认同团队的目标。这个目标可能来自上级的要求，也可能来自客户的需求。它表现为"我们要交付的产品和成果是什么？""大家都同意吗？""如果不同意，分歧或模糊的地方在哪？"。

（3）分配责任。无论采取什么行动、采取多少行动，都要确保团队中有人承担责任，以确保每一项行动得以完成。有条件的还可以考虑：培训－考核－奖励"一条龙"。

（4）处理冲突。有效的团队善于在开放和冲突之间找到平衡。必须让每个成员参与决策，必须让每个成员自由表达想法，因为这是确保你从团队得到"最优解"的唯一方法。但是不能花时间在没有价值的"纯争论"上。找到这种平衡，既需要时间和耐心，也需要良好的沟通技能[一]、谈判技能[二]和适度的领导力。这里要多解释一点，强势的领导常常扼杀团队的创造力。优秀的领导鼓励、指导、帮助、支持但不操纵团队，他们指明前进的方向、克服集体的惰性、发现成员的潜力、证明成功的可能……

如果你刚加入一个团队，也请知道以下四点：

（1）让一群人一起工作看似容易，但要让大家真正发挥效力，需要特殊的团队技能。这些技能不是天生的，但大多数组织却不会教给你，如倾听、头脑风暴和群体决策工具。

（2）简单地讲，这些技能包括技术技能和人际关系技能；通俗地讲，就是智商加情商。尤其后者，特别重要！不是每个"专家"都具备必要的人际关系技能（如何有效地倾听、咨询、游说等），以此保证自己在团队中也能发挥作用。

（3）相互的信任。高效团队的成员既相信彼此的能力，也相信彼此的品行。

（4）一致的承诺。高效团队的成员全心全意、死心塌地、牺牲自我、愿意为团队做任何事。

[一] 主要指能够迅速、高效地分享创意和感受。
[二] 主要指能够正视和化解分歧。

1.4.3 小结

通常，精益六西格玛项目会涉及所有三种类型的组织变革（Organizational Change）——结构变革（改变权力关系、协调机制、集权化程度、工作设计）、技术变革（工作过程或方法以及所使用设备的调整）和人员变革（改变员工的态度、期望、认知和行为）。为了推动长期的、整个组织范围的变革活动，工作的一个重点要放在建设性地改变组织成员的态度和价值观上，以使他们更容易适应组织新的发展方向。一旦推行这项工作，组织实质上是在改变自己的文化。

这一工作成败的关键在于员工的参与并培育一种公开交流、互相信任的氛围。因为涉及的每个人都会感受到变革带来的压力，所以应该把受变革影响的所有员工都包含进去，并且收集员工关于变革如何影响他们工作的各种看法。具体的技术包括：调查反馈（Survey Feedback）、过程咨询（Process Consultation）、团队建设（Team Building）和群体间发展（Intergroup Development）。

1.5 要素四：依靠数据决策

1.5.1 数据的价值和困境

为什么说数据是精益六西格玛的真正基础？有太多的理由！比如：想知道客户是谁、他们想要什么，你需要收集数据。又如：想要改进流程，你需要收集关于变异、缺陷和流程流的数据。再如：想要避免团队合作中不必要的争吵，立一条规矩——人们必须用事实来支持自己的观点……

数据和事实会为你省去很多麻烦，但养成使用数据的习惯非常困难，因为至少存在两大障碍：

（1）缺乏可用的数据。你知道此时此刻自己有多少工作要做吗？你知道平均要花多长时间来处理这些工作吗？你知道自己团队的平均错误率是多少吗？你的客户中有多少人对产品或服务感到满意？你办公室里有谁能回答有关他们工作的数量、质量和速度的问题？对大多数人来说，答案都是"不知道"。

（2）缺少收集和分析数据的训练。如果你以前从未收集过数据，那么问题之多可能会让你大吃一惊。你应该收集什么数据？如何确保它们能够回答团队提出的问题？你应该如何测量你关心的东西？你应该多久测量一次？你如何确保每个收集数据的人都将以相同的标准进行？一旦你有了数据，你将如何分析它？又如何理解它？有太多东西要学。

多年来，许多组织仅将数据用于一个目的：惩罚或奖励。你完成销售指标了吗？没有。那么你的薪水就会受到影响。你是否在两小时内完成了所有的患者回访？是的。那么你就是明星了。

精益六西格玛的独特之处在于，使用数据来监控流程的优劣。你收集数据，了解流程中发生了什么、在哪里出现了问题以及什么解决方案真正有效。一旦做出了改进，你继续收集数据，以跟踪流程的执行情况，及早发现任何问题的迹象，并帮助自己巩固已经取得的成果。

1.5.2 数据类型

一旦你的组织开始收集数据,首要问题就是收集什么类型的数据。一般来说,数据分为以下两类。

- 结果指标:反映一个流程或程序的结果,即产品或服务的产出。
- 过程指标:反映产生这个结果的过程。

在精益六西格玛中,你需要同时测量结果和过程。你绝对要留意最终的结果,但是改善结果的唯一方法是改变过程。你需要过程指标来告诉你,哪里需要改变以及如何改变。

你应该测量什么?以下是最常用的四种数据(指标)。

(1)客户满意度(结果指标):通过调查或访谈收集的数据,了解客户对你的产品或服务的看法,以及与你的团队或组织打交道的感受。

(2)质量/缺陷(结果或过程指标):犯了多少错误、产品或服务是否有缺陷等。与速度一样,如果数据是在最终产品或服务上收集的,质量也可视为一种结果指标。但是大多数团队也将它作为过程指标使用,收集过程中发生的数据。

(3)速度/交货时间(结果或过程指标):关于你的流程快慢的数据。交货时间(Lead Time)是指任何单个工作项从流程开始到流程结束(当它被交付给客户时)所花费的时间。如果在流程的最后进行测量，速度就是结果指标；如果在单个步骤上进行测量，那么它就是一个过程指标。

（4）财务结果（结果指标）：缺陷或延迟对收入、成本等有什么影响。

1.5.3　收集数据会减慢我们的速度吗

很多时候，精益六西格玛项目团队会发现，自己居然花了75%的时间来获取可靠的数据。而另外一些人听到这样的数字时，他们的第一反应是，我们不能花那么多时间来收集数据！

这种观点是短视的。正是因为项目团队投入了大量的时间来获取良好的数据，他们才能解决这个已经存在多年的顽疾。获得正确的数据还可以让项目的剩余部分快速推进。每当团队面临决策时，他们可以查看数据。因此，讨论数据取代了没完没了的争论。

在精益六西格玛的世界里，无法想象跳过数据收集这一步骤会发生什么事情。

1.5.4　小结

我们无法重现历史，因此不可能知道有多少糟糕的决策是因为人们没有收集数据造成的。这个数字可能很惊人！今天，最有效利用资源的组织都在尽可能频繁地使用数据。但这是一个很难养成的习惯，因为我们已经习惯了不收集数据。我们必须重新训练自己，在做决定之前停下来，想一想是否有我们可以查看的现成数据，或者是否需要收集新的数据。

1.6 其他常见术语

读完前面 5 节，相信你已经学到了精益六西格玛最关键的内容：

- 客户很重要；
- 质量、速度和成本是相互联系的；
- 想要质量好、速度快和成本低，就要消除变异和缺陷，并关注流程流；
- 团队必须共同努力，关注客户需求，做出持续改进；
- 数据对于做出合理的业务决策至关重要。

在结束本章时，除了前面介绍的变异和缺陷，我们还想补充几个关键术语。如果你参加了一项精益六西格玛项目，会经常听到这些术语。

1.6.1 在制品

在制品（Work in Process，WIP）是正式处于流程中但尚未完成的工作量。这些工作可以是客户的要求、等待处理的检查、需要回复的电话、需要完成的报告、一堆需要组装的来料等。测量或计算在制品数量与每次就诊时请医生量血压一样重要。它是流程运行状况的总体指标。

1.6.2 交货时间和流程速度

交货时间（Lead Time）是订单触发后，你交付产品或服务所需的时间。弄清楚是什么导致了较长的交货时间（一个缓慢的流程），要比你想象的简单得多，这要归功于一个被称为"利特尔法则"的简单方程（以发明它的数学家命名）：

$$交货时间 = \frac{在制品数量}{平均完成速率}$$

我们在前文已经讨论了在制品（WIP）完成速率（Completion Rate）是指在任何给定的时间段内（天、周、月）完成的工作项目数。

一旦你学会了这个等式，就可以快速、轻松地将它应用于自己所从事的任何流程。大多数人都不知道自己的平均交货时间是多少，更别提变异是多少了。但是了解这些数字在任何精益六西格玛改进工作中都是至关重要的。一想到要在整个流程中跟踪订单的每一个步骤，就会让人望而生畏，尤其是当你的流程需要几天或几周才能完成时。

利特尔法则不仅仅是一个优秀的理论，它还有很多实际意义。例如，它告诉我们，可以通过减少在制品数量加速任何流程，即使我们没有做任何事情来提升完成速率。换句话说，只要我们消除在制品，就可以更快地完成工作。这真是太棒了！

1.6.3 排队时间/延迟

只要你有在制品,就有工作在等着你去完成。在精益六西格玛中,称这项工作在排队,它等待的时间称为排队时间(Queue Time)。任何工作的排队时间都被视为延迟(Delays),不管潜在原因是什么。如果你想为客户提供快速、及时的服务,就需要解决延迟的问题。

1.6.4 增值工作和不增值工作(浪费)

假设客户来参观你的工作场所,他们如何看待自己看到的一切?每一个流程中都有一些在客户眼中增加价值的工作,因此被称为增值工作(Value added Work);每一个流程中也都有一些客户不愿意为之付费的工作,因此被称为非增值工作(Non value added Work)。

非增值工作的另一个说法是浪费(Waste)。精益六西格玛的一个直接目标就是尽可能地消除浪费。有些浪费我们永远无法消除,因为人类现有的所有方法都无法使工作100%有效。但是记住:浪费越多,流程中的延迟就会越多。精益六西格玛帮助我们识别和消除浪费,而不是熟视无睹和习以为常。

1.6.5 流程效率

由于速度是精益的一个关键目标,自然会有这样的问题:多快才算快?多慢才算慢?

答案是应用上面介绍的两个概念来计算流程循环效率（Process Cycle Efficiency，PCE）：增值工作时间（客户承认在创建产品或服务中必要的时间）占总交货时间（从流程开始到结束需要多长时间）的比重。流程循环效率常被用来衡量降低成本的潜力。

$$流程循环效率 = \frac{增值工作时间}{总交货时间}$$

举个例子：一家汽车零件供应商知道，在他们的生产过程中，只有不到4小时的增值时间。然而，从原材料进入生产线到发货的总交货期平均为12天。基于工厂每天工作8小时，流程循环效率可以这样计算：

$$增值时间 = 4\text{ 小时}$$
$$总交货时间 = 12\text{ 天} \times 8\text{ 小时/天} = 96\text{ 小时}$$
$$流程循环效率 = 4\text{ 小时}/96\text{ 小时} = 4.2\%$$

换句话说，他们花了12天的时间为产品注入4小时的价值，而材料要等11.5天。

你可能认为4.2%的流程循环效率（PCE）很低，但它却相当普遍。根据美国人杰伊·亚瑟（Jay Arthur）的统计，美国医院的PCE普遍在5%左右。也就是说，为了3分钟的检查诊疗，你要花57分钟的时间来等待。这意味着现实中存在大量改进的机会。

第 2 章

做到精益六西格玛

2.1 做好准备

2.1.1 应对两大挑战

假如你是一家大型三甲医院的书记或院长,已经决定要引入精益六西格玛,迫切希望启动一系列改进项目,尽快让医院的运营状况得到改善。遗憾的是,医院里几乎没有人熟悉精益六西格玛。这意味着你至少面临两大挑战:

(1)选择改进项目——改进哪些流程最有助于实现医院的目标?

(2)培训足够的员工——使他们成为有效的精益六西格玛团队成员。

如何应对这两大挑战?措施如下:

- 增设新的工作岗位,来承担精益六西格玛的大部分职责;
- 对现有岗位增加新的职责,来支持精益六西格玛;
- 为参与精益六西格玛项目的人员提供适当的培训;
- 建立新的机制,确保选定的改进项目与医院的核心业务密切关联。

我们先看看人事方面(新岗位和新职责)的变化,再看看什么样的培训和机制有助于支持这些变化。

2.1.2 专门的人员配置

关于人员配置，需要两手一起抓。一方面，组织里一定要有一些人专门从事精益六西格玛工作（投入100%的时间和精力）。如果每个参与精益六西格玛项目的人都是兼职的（在组织里已有自己的岗位和职责），那么这个项目肯定搞不好。另一方面，组织也必须找到方法，将精益六西格玛项目与自己当前的核心业务紧密联系起来。这就是要对一些现有岗位增加涉及精益六西格玛的新职责的原因。

早在20世纪80年代末，提出六西格玛的公司就借鉴了空手道的分级制度，为上述的新角色规定了特定的称谓。这些带有专业"带位"的岗位组合，再加上其他参与改进项目的员工，共同构成了精益六西格玛的人力基础。最典型的角色有7种，我们先来看其中3个需要增设的新岗位，如图2-1所示。

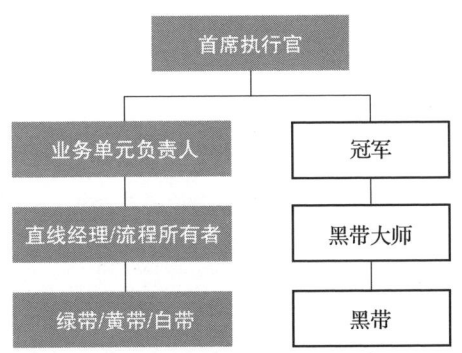

图2-1 精益六西格玛项目最典型的7种角色

(1)冠军(Champions)㊀。冠军是组织内高管级别的管理者("领导班子成员"),分管和指导精益六西格玛工作,并确保该工作推动的是组织的核心业务。每个组织都应该有一个冠军直接向首席执行官或总裁("一把手")汇报。

(2)黑带(Black Belts)。这些员工接受了至少4~5周的针对领导力和问题解决技术的系统训练。他们通常全职从事精益六西格玛(偶尔也会有兼职的情况)。他们负责直接领导或指导一支精益六西格玛项目团队,并负责提交项目成果。

(3)黑带大师(Master Black Belts)。这些员工接受过更高级的培训,掌握更复杂的问题解决技术。他们可能同时领导多个精益六西格玛项目团队,并有良好的业绩记录。他们的职责包括培训和指导黑带、监控团队进展,并在需要时帮助团队。

需要扩充职责的旧岗位有以下四个。

(4)首席执行官(CEO)㊁。首席执行官决定本组织是否采用精益六西格玛。他们确立组织的目标,决定精益六西格玛的优先级。他们还负责定期监控和指导精益六西格玛的资源使用。

(5)业务单元㊂(Business Unit,BU)负责人。一些大型组

㊀ 冠军在医院应该是某一位副院长或副书记。
㊁ 首席执行官在医院应该是书记或者院长。
㊂ 业务单元通常是指组织中一个相对独立的经营实体和利润中心。因为其常常独立制定自身的竞争战略,所以又被称为战略业务单元(Strategic Business Units,SBU)。从战略角度来看,大型综合医院中最接近SBU概念的就是科室或院区。所以此岗位对应的应该是分管副院长或大科室主任。

织通常由不同的业务单元组成。无论这些业务单元负责人的头衔是什么，他们都要与冠军紧密合作。大家根据本业务单元的目标，一起来制定、筛选、改进项目的标准。需要特别注意的是，选择改进项目的最终决定权属于业务单元负责人，因为他们要对首席执行官负责，保证完成年度目标。

（6）直线经理/流程所有者。直线经理"实际拥有"将要实施精益六西格玛改进的流程。也就是说，他们负责批准流程的变更、哪些员工可以参加培训以及员工为精益六西格玛项目服务的时间长短等。出于这个原因，直线经理也被称为"流程所有者"。获得直线经理的支持对精益六西格玛项目的成功至关重要！当项目在他们的"地盘"启动时，直线经理最好也能成为项目发起人（Project Sponsor）。这个角色负责监控项目团队的进展、提供所需的支持并巩固项目团队交付的业务结果。

（7）绿带/黄带/白带团队成员。这些员工可以是组织中的任何人。他们接受过不同程度的精益六西格玛的理念宣贯或技能培训。他们通常有自己的本职工作，但在自己的工作领域"兼职"参与精益六西格玛项目。

2.1.3 常见的培训计划

每个组织的精益六西格玛培训计划不尽相同，典型的培训包括以下4种。

（1）理论课程（白带培训）：通常只有1~2天，目标是帮助人们熟悉精益六西格玛的语言和概念，受训者不一定要参与实际的精益六西格玛项目。

（2）方法/工具入门课程（黄带或绿带培训）：针对改进流程的方法和技术进行练习，训练可以持续 1～2 周。黄带课程通常比绿带课程短一些。一般来说，黄带要参与实际的精益六西格玛项目，绿带则要为领导精益六西格玛项目做好准备。

（3）方法/工具训练课程（黑带培训）：黑带是支撑精益六西格玛项目的中流砥柱。有时候，他们是精益六西格玛项目团队的队长；有时候，他们同时充当几个精益六西格玛项目的教练和资源。系统的黑带培训通常需要 4～6 周的课堂培训，内容涵盖精益、六西格玛、复杂性降低方法、项目管理和领导力。通常情况下，黑带会先参加为期一周的培训，接着回到现实的精益六西格玛项目工作几周，然后回来参加第二周的培训，以此类推。

（4）针对性高级培训（黑带大师培训或强化课程）：有一些非常复杂的精益六西格玛工具，虽然平时不常使用，但在特定场合下又非它莫属，因此没必要把它教给每一个黑带。这些技能通常被视为黑带大师特有的，当然偶尔也会扩大到黑带的专门强化课程。

2.1.4 密切联系核心业务

历史上有很多组织采用六西格玛（或者它的前身——全面质量管理），它们投入大量的时间和资金，结果却非常糟糕。如果仔细观察这些失败案例，你会发现如下错误：

（1）项目解决的不是组织最主要的矛盾或者最迫切的问题。

(2) 项目团队变成了"质量突击队",瞧不起任何没有全职参与流程改进的人。

(3) 对项目几乎没有监控,所以项目团队把大量的时间花在既不增加利润又不降低成本的事情上。

因为这些错误如此普遍,所以精益六西格玛整合了避免它们的方法。其中,最重要的就是精益六西格玛鼓励这样一种理念:改进是为了支持组织的目标,不能为了改进而改进。除此之外,还要建立两个机制:

- 项目选择机制;
- 项目审查机制(定期评价项目的关卡制度)。

2.1.4.1 项目选择机制(哪些流程需要改进)

如果有人问你,在你负责的工作领域有哪些需要改善或改进的地方,估计你会给出一堆答案。现在把这些答案乘以你部门的员工人数,再把这个结果乘以组织里部门的数量,你就能体会到组织高层在选择改进项目时所面临的挑战。时间和资金都是有限的,必须从众多可能性中挑选出"最好"的想法。这里的"最好"是指那些回报最大并且在现有资源条件下可以迅速完成的项目。

这里的关键是在每一步都要确保关联:确保业务单元(BU)目标与组织目标相关,同时确保精益六西格玛项目目标与业务单元目标相关(见图2-2)。

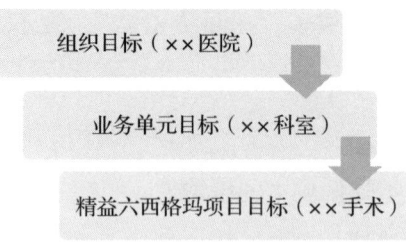

图 2-2 关联示意图

通过这种方式,精益六西格玛项目将永远与组织的核心业务联系在一起,这意味着高管们更有可能支持该项目,这也意味着精益六西格玛更有可能被视为帮助管理者和员工的东西,而不是在无事生非、浪费资源。

2.1.4.2 项目审查机制(关卡系统)

在过去,流程改进项目一旦启动,项目团队几乎完全处于没有监督的状态,一直持续到项目完成。精益六西格玛改变了这一点。你将会在本章第 2 节看到,大多数项目都要经历一连串的标准步骤,它们是"定义-测量-分析-改进-控制"(英文缩写是DMAIC)。在项目实施的过程中,管理人员在每个 DMAIC 阶段之间确认项目完成情况,进行所谓的关卡审查。这些审查的目的是:

- 更新团队进度;
- 确保项目对组织来说仍然是关键的;
- 根据需要调整项目;
- 让管理层知道他们可以做些什么来为项目团队消除障碍。

使用这个系统有助于确保组织的资源得到合理利用，确保团队得到所需的支持，从而在预算内按时完成项目。

2.1.5 结论

如果想取得成功，实施精益六西格玛必须有新的岗位、新的培训和新的工作机制。这些新的"基础设施"帮助组织把在精益六西格玛上的投资转化为对组织和客户可衡量的成果产出。

2.2 步步为营：DMAIC

2.2.1 综述

每个组织都有一些"顽疾"，虽然被一次次地处理，却又一次次地再现。对于精益六西格玛团队辛苦数月提出的解决方案，人们以为会起作用，实际上却没有。这是精益六西格玛不能接受的另一种失败，因此它使用一种现代化的问题解决方法来"跳出"这种恶性循环。这个问题解决方法被称为DMAIC模型（发音"德美克"），来自定义（Define）、测量（Measure）、分析（Analyze）、改进（Improve）、控制（Control）五个英文单词的缩写。

来自各行各业的无数实践证明，DMAIC是有效解决问题的方法之一，因为它迫使精益六西格玛团队用数据来完成以下任务：

- 确认问题的本质和大小；
- 找出真正的原因；
- 找到对策，必须有实实在在的证据表明它的指向原因；
- 建立保持和巩固对策的标准程序，即使在精益六西格玛项目完成之后。

如果你接受过系统的精益六西格玛培训，就会学到 DMAIC 及其基于数据的方法（被称为"问题解决工具"）。在这一节中，我们只向你简单介绍 DMAIC 的逻辑；在后面五章，将具体描述使用 DMAIC 解决医院的实际问题；本书的附录部分，还会向你介绍一些经常使用的问题解决工具。

2.2.2 项目章程

在正式开始 DMAIC 各步骤之前，精益六西格玛团队必须完成一项重要的准备工作。这时，你的高层领导应该已经通过一个科学的选择过程确定了他们想要启动的项目（改进哪个流程）。冠军（领导和支持精益六西格玛工作的组织高管）将帮助你的主管或经理起草一份《项目章程》（*Project Charter*），以记录他们希望项目团队完成的主要任务。

《项目章程》通常篇幅很短，就是 1~2 页纸的表格，但应抓住精益六西格玛项目的关键要素。其内容包括：项目团队应该达成什么目标；谁将在项目中工作以及担任什么角色；时间线以及其他一些重要信息。

需要提醒的是,《项目章程》只是一个草案。一旦付诸行动,你的团队难免会对草案进行修改。有些时候,你会发现一些新的信息,使管理层重新考虑是否从这个项目开始;或者,问题比他们想象的要严重得多,项目团队无法解决它。无论如何,项目团队都必须与组织的管理层紧密合作,努力在一些合理的项目目标上达成共识。

项目团队应该在整个项目实施过程中随时对照《项目章程》。一方面,这有助于提醒他们应该做什么;另一方面,随着对问题及其可能的解决办法的深入了解,也使他们有机会更新章程。

2.2.3 DMAIC 框架

DMAIC 框架,或者说"定义 – 测量 – 分析 – 改进 – 控制",通常被描述为一个"结构化的 – 基于数据的 – 解决问题过程"。这意味着:

(1)按照特定的顺序执行特定的活动("结构化"和"过程")。

(2)在几乎每个阶段收集数据,以帮助你做出决策("基于数据")。

(3)确保团队选择的解决方案能够真正消除问题出现的原因("解决问题")。

2.2.4 定义阶段

定义(Define)阶段的目的是让项目团队及其上级(委托

方）就"该项目是什么"达成共识。你要完成的工作包括：

- 以团队的形式讨论《项目章程》；
- 获取客户数据；
- 回顾有关流程或存在问题的现有数据；
- 绘制高阶流程图^㊀（High-level Process Map）（流程图是DMAIC中一种常用的改进工具。在定义阶段，它被用于帮助建立精益六西格玛项目的边界）；
- 为团队制订计划方案和指导原则。

完成了上述工作，你可以：

- 建立对项目业务优先级的共识。"共识"这个词是关键。当人们争论团队应该收集什么数据或者什么解决方案最好时，大部分团队都会陷入泥潭。特别是当人们没有意识到，他们对"团队应该做什么"有不同认识时，这种情况必然发生。
- 确认机会（项目可行性）。与上级（委托方）交谈并查看现有的证据，以确认管理层希望你解决的问题真的能被解决。这些准备工作将帮助你完善项目目标。在极少数情况下，如果数据不支持进一步的工作，精益六西格玛项目可能会被取消。

㊀ 又称宏观流程图。

- 与上级（委托方）就项目的实际范围达成共识。如果你的团队认为项目太大或太小，你需要与管理层协商，以更改范围、增加资源以及适当地延长期限。
- 就如何衡量成功达成共识。一个常见错误是精益六西格玛团队和上级（委托方）没有预先定义他们如何判断项目是否成功。项目团队看到的是"失误次数下降"，但管理层要的是"销售额增加"。一个团队需要知道上级（委托方）会以什么标准来判断项目是否成功。
- 团队建设（"破冰"）。有时候，一个精益六西格玛团队由每天一起工作的人组成；另一些时候，它把来自不同部门彼此完全不认识的人聚在一起。在"定义"阶段完成的工作，将帮助团队成员尽快适应新的任务、新的伙伴和新的环境。

2.2.5 测量阶段

测量（Measure）是精益六西格玛的灵魂，是该体系能够发挥作用的保证。其他管理方法往往并不强调这一点。如果不收集数据，你确实可以快速完成大量项目，但这些项目往往很短暂，其最终效果令人失望。将客观数据与直觉经验结合起来，是"流程改进"真正区别于"流程修补"的地方。

在测量阶段，你要做的工作有：

- 评估现有的测量系统，如有必要，就进行改进；如果没有

测量系统,就开发一个;
- 观察流程;
- 收集数据;
- 绘制更详细的流程图。

这些工作都很必要,因此你才能够:

- 相信你的数据。你会惊讶于团队经常花费大量的时间收集数据,最后却发现他们的测量系统并不可靠。调查后发现:在尝试测量循环时间时,人们在不同的时间点启动秒表;或者人们对仪器仪表的解读不同;或者对"缺陷"有不同的定义。如果你打算根据数据做出决定,那么你必须确保自己能相信数据代表的信息。

- 根据事实做出决定。我们已经多次提到:DMAIC是一种基于数据的方法。人们的主观意见固然重要,但每件事都必须与数据相对照。

- 记录流程中真正发生了什么。当一个精益六西格玛团队聚在一起定义他们的流程时,有人会说"那个工作您做了吗?我不知道啊!"或者"这个工作您做了吗?我也做了!"。非常意外吧,"灯下黑"——在一个流程上工作了很长时间的人往往无法意识到实际发生了什么。这就是为什么精益六西格玛团队必须记录真正发生了什么,"好脑子不如烂笔头"。

- 了解哪些流程需要改进。这里有一个技巧可以让你的流程改进任务变得更容易。工作流程里你和同事所做的几十或几百件事情中，只有少数会对你的客户产生真正的影响（二八原则）。你的工作就是找到并改进那些关键流程，然后尽可能多地消除那些"没有增值价值"的工作。

如果你试图收集数据，可能会遇到以下一些困难：

（1）以前从未收集过这些数据；

（2）数据已经收集，但无法满足实际使用（丢失在文件柜中，散落在一堆表格中，卡在一个模糊的软件程序中等）；

（3）数据如此之多，以至于很难弄清楚哪些应该优先处理，哪些最有意义；

（4）数据并没有真正测量你需要测量的东西。

所以请做好思想准备，你需要花费大量的时间来决定要收集什么数据，以及寻找收集数据的方法。

2.2.6 分析阶段

分析（Analyze）阶段的目的是使测量阶段收集的所有数据都有意义，并使用这些数据确认缺陷、延迟和浪费的来源（原因）。所有团队在分析阶段都会面临一个挑战——坚持使用数据，这意味着团队不能仅凭自己的经验和观点，就得出问题根源（根本原因）所在。你要做的工作包括：

- 在数据中寻找模式（规律）；
- 瞄准那些浪费大量时间的地方。

这些工作将帮助你：

- 发现寻找真正原因的线索；
- 在不牺牲质量的前提下，找到加快流程的方法；
- 识别需要控制的最关键流程因素。

2.2.7 改进阶段

改进（Improve）的唯一目的是改变流程，以消除或减少缺陷、延迟和浪费，这些都要"关联"到在定义阶段确定的客户需求。"关联"这个词非常重要！团队必须确保他们在改进中关注的原因影响到其《项目章程》中定义的待解决问题（客户需求）。他们所做的改变必须影响他们在分析阶段确认的原因。这一阶段要完成的工作包括：

- 使用创造力练习（Creativity Exercises）来确定一系列可能的解决方案，而不是依赖于之前"试对"（相对于"试错"）得出的经验；
- 回顾现有的最佳实践（现有记录里结果良好的流程），看看是否适用于你的情况；
- 为选择解决方案制定优劣标准；
- 试行所选择的解决方案；

- 为全面实施做规划。

上述工作可以帮助你的团队：

- 不被那些不起作用的老方法困住；
- 找出与真正原因相联系的新解决方案；
- 解释为什么选择这种解决方案而不是其他；
- 了解现实中什么可行、什么不可行。

2.2.8 控制阶段

控制（Control）的目的是确保你的团队取得的任何成果都能持续下去。这就意味着要建立一些程序和辅助工具，以此帮助人们从现在开始以不同的方式工作。团队成员必须将他们学到的知识"移交"给流程所有者，并确保从事该流程的每个工作人员都接受了培训，能够使用新的流程。在控制阶段，你要：

- 将改进后的新程序记录在案；
- 培训每个人；
- 建立追踪关键"生命体征"的程序；
- 将现行的管理移交给流程所有者；
- 完成项目记录文档。

这些工作会帮助你：

- 防止倒退。改变人的习惯要比改变机器上的开关困难得多。上面列出的操作将使人们更容易使用新的程序，而不会陷入旧的做事方式。

- 对未来的问题做出快速反应。跟踪流程中的"生命体征"将帮助你在新问题出现时迅速做出反应。你的反应越快，就越有可能找到原因并采用新的解决方案。

- 与组织中的其他人分享学习成果。很有可能组织中有其他人在做与你相同或相似的工作。用一种简单的方式记录团队的工作，将有助于分享你的团队所获得的知识和见解。

2.2.9 结论

找到解决问题的真正办法需要自律。DMAIC 就是为团队提供的自我约束的框架。有时，你感觉完成测量和分析的所有步骤似乎很乏味——收集数据、学习经验教训、意识到自己必须收集更多的数据。此时你面临的最大挑战是诱惑——跳过所有混乱的中间环节，直接从定义问题到实施解决方案。

当你执行 DMAIC 步骤时，我们确信你会有认为不值得的时候。当这种情况发生时，请记住 DMAIC 并不是由无所事事的闲人开发的。恰恰相反，这是人们数十年经验的总结，他们已经从惨痛的教训中认识到了持久改进的代价。

2.3 领导支持

2.3.1 综述

本章前两节的目的是帮助员工在精益六西格玛计划中发挥他们的作用,但我们都知道,他们的成功取决于上级领导围绕这一计划创造的环境。以下六条是领导者"必须做的事情",做好这些事情才能为员工的成功奠定基础:

- 选择正确的项目;
- 选择正确的人员;
- 遵循正确的方法;
- 明确定义角色;
- 沟通,沟通,再沟通;
- 支援教育及培训。

2.3.2 选择正确的项目

以前的质量改进方法失败的原因之一是人们在选择项目时没有指导方针。因此,员工们最终会做一些诸如重新设计餐厅或建立一个分配停车位的新系统之类的项目。是的,这类项目可能会让某些人感觉更好,但组织的客户却看不到质量、速度或成本上的任何进步。上级领导看到的只是资金花费，业务单元负责人或者直线经理看到的数字也没有任何好处，所以他们中的许多人不再抱有幻想，不再支持流程改进工作。

早期的六西格玛也难逃这一厄运。通常，组织会让黑带挑选项目，有时会参考冠军和直线经理（流程所有者）的意见。遗憾的是，这种方法经常导致改进项目没有真正与关键业务需求相联系。

所有为精益六西格玛发展做出贡献的组织都知道，精益六西格玛的生死存亡与项目的选择有关。如果你不能让人们在正确的事情上工作（do the right thing），那么无论他们在解决问题和改进方面做得多好都无济于事（do the thing right）。所以现在有很多指导，帮助人们选择正确的项目，比如：

- 与组织战略和优先事项相关联。从组织的战略规划到具体项目，都应该有明确的联系。（这里假设组织战略的选择既有利于你的客户，也有利于你的业务。）
- 在范围上是现实的。太多组织看到了质量计划的失败，因为他们选择了解决"全球贫困"类的问题。在某些情况下，打造一个经验丰富的团队来解决广泛、复杂的问题是值得的。但是总的来说，你最好选择那些项目团队能够在三个月或更短的时间内完成的项目。
- 有可识别和可衡量的硬成果。精益六西格玛强调确保你在项目上的投资有可衡量的收益。一个设计良好的精益六西格玛项目在实施第一年就应该收回它的成本。虽然不应该忽视项目的软成果，如提高士气、减少工作中的争吵、加强合作等，但仅仅因为一些软成果而选择它，在现实中也是非常罕见的。

- 关于项目选择的最后一个提示：做好备用项目或后续项目的准备。通常，组织每年都会经历一个正式的项目发现或识别过程，然后根据能力和优先级缩小列表范围。此时你不仅需要考虑要立即启动什么项目，还要考虑接下来会有什么项目。当一个项目完成后，什么项目会取而代之？假如一个团队发现一个项目对客户的重要性并不像最初想象的那么大，或者回报并不像预期那么大，你会让团队做什么其他的事？

专注 + 优先 = 快速的成果。精益六西格玛的一个主要卖点是，成功的组织会从他们投入的时间和精力中得到快速的回报。这是因为他们使用这里讨论的指导原则来选择与关键业务相关的改进项目。在过去，一个组织可能一次启动 50 个项目，仅仅因为它们听起来都是好主意。但是精益六西格玛更有可能把注意力集中在能显示出最大潜力的 5～10 个项目。

2.3.3 选择正确的人员

选择合适的人员来担任前文提到的精益六西格玛新角色

(冠军、黑带、黑带大师）也是一项挑战，这有规律可循。比如冠军角色除了要位高权重，还需要积极支持精益六西格玛项目，克服各种阻力，确保项目被落实。研究发现：冠军角色的理想人选往往具有极端自信、坚韧不拔、精力旺盛和爱冒险的人格特征；同时他们还展示出动态领导力（Dynamic Leadership），即善用光明的未来和事业的信仰来鼓舞他人，善于获取他人的支持。

更深入的讨论将会超出本书的范围，有兴趣的读者可以自行查阅人力资源管理的相关知识。在这个领域已经积累了大量行之有效的开发方法，可以帮助你识别能够填补新职位的人（以及知识、能力和个性的组合）。

2.3.4 遵循正确的方法

与精益六西格玛相关的绝大多数方法和技术都是在过去几十年（或更长的时间）发展起来的，它们基于实践中哪些可行、哪些不可行的大量经验。要想成为一个有效的领导者，你可以采用以下的精益六西格玛方法：

- 当员工向你提出建议或想法时，你总是要求看数据；
- 与黑带一起工作，在你的工作领域发掘"让浪费无处可藏"的方法；
- 全面参与对精益六西格玛团队的 DMAIC 审查。

2.3.5 明确定义角色

你在建立精益六西格玛"基础设施"的过程中,也在权力和责任方面"埋下"了潜在的冲突。进一步明确不同人员在精益六西格玛项目中的角色,将帮助你避免这些冲突。

职责分配矩阵(RACI)可以帮助人们整理和明确角色,这是一种非常有用的工具。R、A、C、I四个字母代表不同程度的期望。

- 责任(Responsibility):那些被期望积极参与精益六西格玛项目并尽其所能做出贡献的人。"R"是实际完成工作的人,一项工作可由多个"R"分担。
- 问责(Accountability):最终对结果负责的人。每一项工作只能有一个"A"。
- 咨询(Consultation):那些具有特定专长并能对具体决策做出贡献的人(比如寻求他们的建议),或者在做出最终决定之前,因为其他原因必须被征求意见的人(比如财务通常在精益六西格玛项目中扮演的角色)。
- 告知(Inform):会受到项目的影响但没有直接参与的人(他们通常在最终决定做出后被通知结果)。

由于每个组织将以不同的方式分配角色,RACI没有一个普遍的模型。表2-1显示了其中一种情况,具体细节则因组织而异。

表 2-1　精益六西格玛项目职责分配矩阵示例

	资源配置	识别项目	选择项目	项目结果	项目落实	团队支持	维持变革
高管	A	R	A				
冠军	R	A	R			R	
财务		I		A		R	R
直线经理		C		R	R	R	A
黑带		C		R	R	A	
团队领导/绿带				R	R		

当你制作 RACI 表时，将面临许多关键的决定。其中之一就是如何平衡黑带和团队之间的力量。黑带的角色有些微妙：一方面，他们拥有很多知识，团队和直线管理人员可以利用这些知识确保项目取得成功；另一方面，如果黑带把自己的知识强加于他们所帮助的人身上，他们就在传递这样的信息——精益六西格玛意味着按我的方式去做。作为制度设计，黑带的定位应该是支持人员，而不是决策者，因为他们不是"业务专家"，也没有任何持续的工作责任。

2.3.6　沟通，沟通，再沟通

领导精益六西格玛工作的管理者和其他人面临许多竞争压力。他们必须选择和启动项目，确保提供培训，为从事项目的人员提供支持等。除此之外，他们还需要考虑到那些没有直接参与项目的人的情况。他们需要花时间创建一个与组织所有部门沟通的网络。

- 和老板一起，确保每个人都能理解组织的优先事项。与组织领导者的沟通对于帮助克服障碍或解决部门之间可能出现的冲突是至关重要的。
- 与项目团队成员一起，确保他们清楚项目的目的、目标、边界和期望。管理者还应该邀请团队成员进行交流，确保他们很自在地提出问题，推动事情的清晰化进展。
- 加强员工之间（以及组织的其他部分）的沟通。一般来说，各级员工越了解正在发生的事情和原因，他们就越有可能直接或间接地支持精益六西格玛工作。

2.3.7 支援教育及培训

很遗憾，精益六西格玛还没有成为大学的通识课程，所以大多数员工，包括像你这样的管理者，都需要接受特别的培训。管理者的职责是：

（1）教育自己。你不一定是黑带，但是你应该对精益六西格玛有足够的了解，这样你就可以明智地提问，并指导那些参与项目的人。

（2）支持员工的教育。

2.3.8 结论

精益六西格玛是一门从过去的错误中吸取教训的学科。以前的改进方法所犯的错误之一就是忽视了领导者的支持。曾经许多领导者认为，在精益六西格玛上的努力偷走了他们宁愿投入"真正工作"的资源。但是，当他们看到受过良好训练的人从事高优先级项目（与管理者的业务目标相关联）所带来的快速和可持续的收益时，他们很快就会成为精益六西格玛培训和教育的热情支持者。

第 3 章

手术室里的
精益六西格玛

手术室作为医院中的重要技术科室，其资源消耗最为集中，也是医院投入较大的部门之一。手术室的整体运营效率及术间周转率一直是医院较为关注的话题，只有提升术间利用率，加速周转，才能服务更多的患者。本案例从精益六西格玛的角度出发，观察手术全流程，从首台准时开台率、翻台效率等指标入手，以期发现流程环节的浪费及不合理之处，并为手术室运营效率的提升提供可借鉴的方法。

3.1 定义阶段

3.1.1 项目背景

B医院创建于1907年，是一所集预防、医疗、教学、科研、康复为一体的综合性大学附属医院，1992年首批晋升为国家三级甲等医院。

医院编制床位2208张，现有职工3000余人，拥有正、副主任医师530人，博士、硕士620人。设有78个临床及医技科室，40个专家门诊，26个特色门诊，23个教研室，1个临床技能培训中心。

手术室是医院中一个高成本高收入的部分，也是医院中资源消耗最集中的一个科室，手术室的建造、医疗器械、医药物品乃至手术医生的配置、护理护士的安排都需要高额的资金投入，因此，提高手术室的运营效率对医院的资金周转来说至关重要。该医院手术室主要分为骨科科室及非骨科科室，其中骨科科室有5个，非骨科科室有胆石症微创外科、耳鼻喉、泌尿外住院、乳甲、胃肠、肝胆、胸外科、血管外科等，手术室共计12个术间。经与院方沟通，决定本次研究主要针对B医院手术室的运营效率进行现状情况诊断，分析该医院手术室的周转效率及利用率，并针对围手术期的环节流程进行观察梳理，以期发现运营中的问题以及可改善点。

3.1.2 客户需求分析

要想真正地了解及研究问题，首先要把握客户需求是什么，有哪些影响因素，哪些是关键需求，以及发现关键需求后，如何将客户的关键需求转化为项目关注的关键问题。在进行客户需求分析时，第一步就是要倾听和了解客户的声音。针对B医院手术室运营效率诊断项目，首先需要了解"客户之声"，因此对科室主任、护士长、多名护士和医生等项目关键相关方进行访谈调研，了解和挖掘客户需求。以下针对不同的访谈角色总结了客户关注的问题点（见表3-1）。

表 3-1 客户之声

角色	客户关注的问题点
科室主任	1. 保证患者服务质量的前提下提升术间实施手术数量
	2. 监测钉皮包扎阶段时间消耗
	3. 合理化手术相关医务工作人员的工作时间,保证员工充分休息
护士长/护士	1. 早晨第一台手术护士和患者准备完很久才开始手术的问题
	2. 手术人员的配合紧密度不够
	3. 希望可以监控精密仪器、设备的可用状态
	4. 手术间同时在场人员过多
医生	1. 希望医师准时到达手术室
	2. 登记的扫描枪可以好用一些
	3. 麻醉复苏的时间点与手术结束的时间相差不要太多
	4. 设备状态能够跟上使用需求

由表 3-1 可知,不同的客户角色有着不同的关注点及需求,我们需要在这些需求中寻找共通点及差异点,并总结将其转化为关键指标。根据 B 医院手术室的医护人员需求可知,手术准时开台、翻台效率、手术效率、围手术期的事务管理(设备管理、人员排班等)等要点是医务人员较为关注的。根据客户之声,我们可将其需求转化为"手术室的综合利用率"这样的指标,以此涵盖各个需求。

3.1.3 确定项目测量指标

为了更好地概括和表达客户之声,将医护人员的关注需求点量化,我们与院方商讨并确认了能够反映真实需求的指标,将以上调研的客户之声转化为可测量的关键指标:手术室综合利用率(Overall Operating-room Efficiency,OOE)。

对指标 OOE 进行定义解释,OOE 即为实际的利用率相对于理论利用率的比率(见图 3-1)。

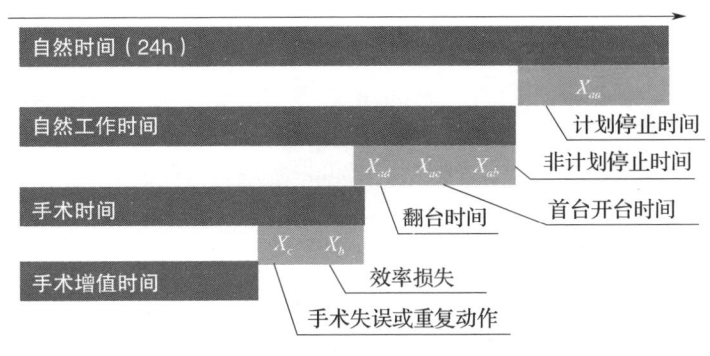

图 3-1 OOE 指标定义图

$$OOE = \frac{增值时间}{自然时间} = \frac{增值时间}{增值运营时间 + X_{aa} + X_{ab} + X_{ac} + X_{ad} + X_b + X_c}$$

自然工作时间:全天手术间工作的时间;

增值时间:理论平均水平手术时间 + 合理家属访谈时间 + 合理疑难决策时间;

X_{aa}:计划停止时间;

X_{ab}:非计划停止时间;

X_{ac}:首台开台时间;

X_{ad}:翻台时间;

X_b:效率损失;

X_c:手术失误或重复动作。

由于 OOE 对于此项目仍属于较为笼统的指标,因此根据客户关注点,将其拆解为准时开台率(Y_1)、翻台时间(Y_2)、手术效率(Y_3),聚焦程度更为显著。Y_3 与术式相关,需长期关注,暂不作为本期研究对象。

以下针对指标准时开台率(Y_1)、翻台时间(Y_2)进行定义(见图 3-2)。

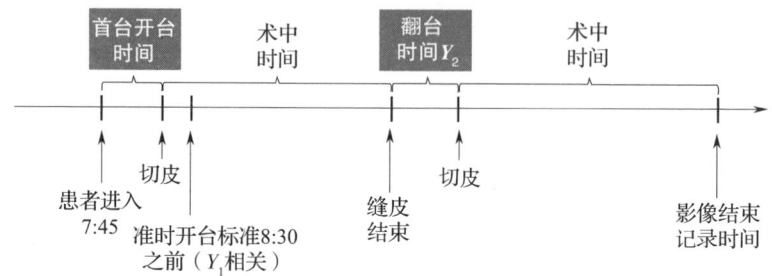

图 3-2 Y_1、Y_2 指标定义图

首台开台时间:早晨第一台手术开始切皮的时间点;

首台开台及时率(准时开台率):每天 8:30 之前划皮的手术与所有首台数量的比值。

$$准时开台率\ Y_1 = \frac{早于\ 8:30\ 开台的首台手术数量}{首台开台数量}$$

翻台时间:本台患者钉皮结束至下一名患者开始切皮经历的时间段。

翻台时间 Y_2 = 本台手术切皮时间 - 上一台手术缝合完成时间

3.2 测量阶段

3.2.1 流程现状梳理

首先针对需要研究的流程进行梳理,通过对围手术期流程进行跟踪观察,将整体流程分为 5 个部分：术前通知→术前准备→术中→术后处理→病房交接。流程中涉及的角色主要包括：患者、病房护士、器械护士、巡回护士、麻醉医生、外科医生。在整体的围手术期流程中,各个角色在不同的阶段中承担不同的职责,角色之间需要相互配合,各司其职才能高效地完成各个步骤环节。

(1) 术前通知：术前访视阶段决定了手术能否正常进行,患者进入术间前准备工作通常在 7:30 之前完成,其完成时间是保证准时开台的重要因素之一,也是此台手术开始准备的标志判别时间点,因此术前通知和确认是决定手术能否准时进行的重要前提。术前通知的流程图,如图 3-3 所示。

(2) 术前准备：不同角色之间应相互配合,角色在场情况和相互配合的紧密度直接影响到首台开始的时间及手术室的利用效率。切皮开始是判断手术是否开始的判别点,其发生的时间点可作为首台准时开始的标志判别点。院方要求指标为 8:30 准时开始,同样切皮也是翻台结束的判别指标,术前准备阶段的开始到结束标志操作定义为：患者进入（开始）→开始切皮（结束）。术前准备的流程图,如图 3-4 所示。

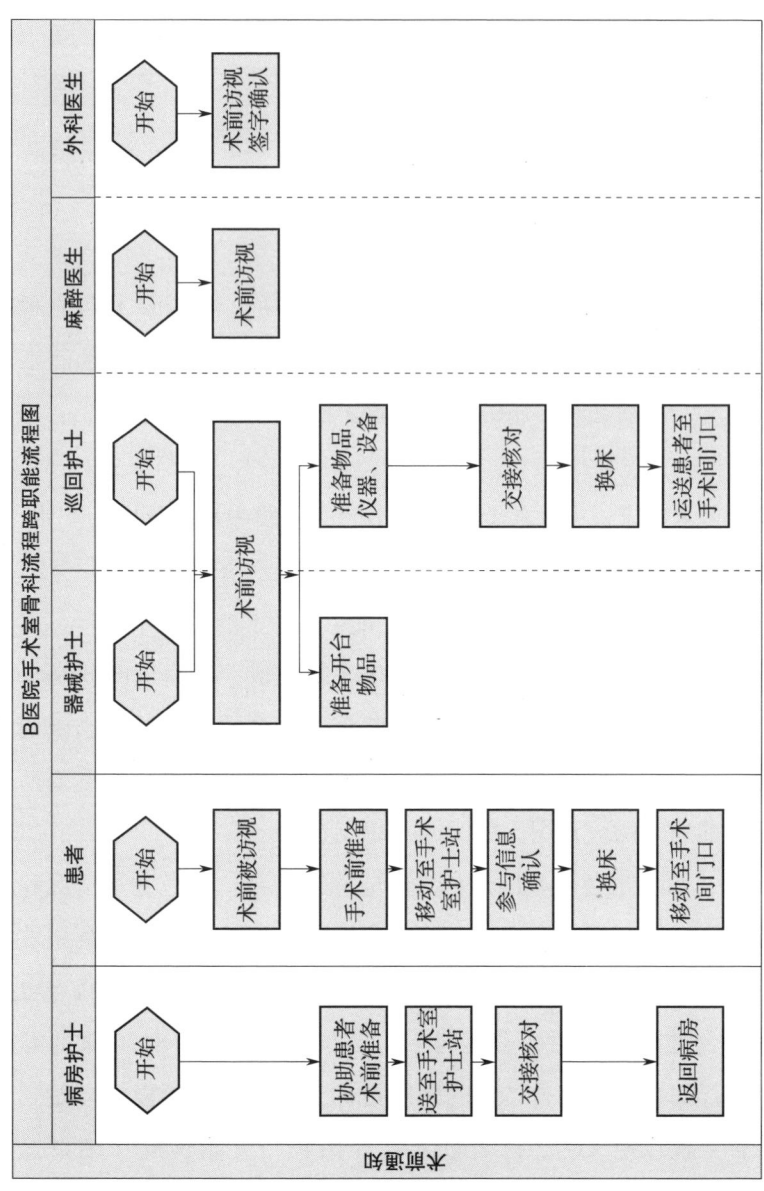

图3-3 术前通知的流程图

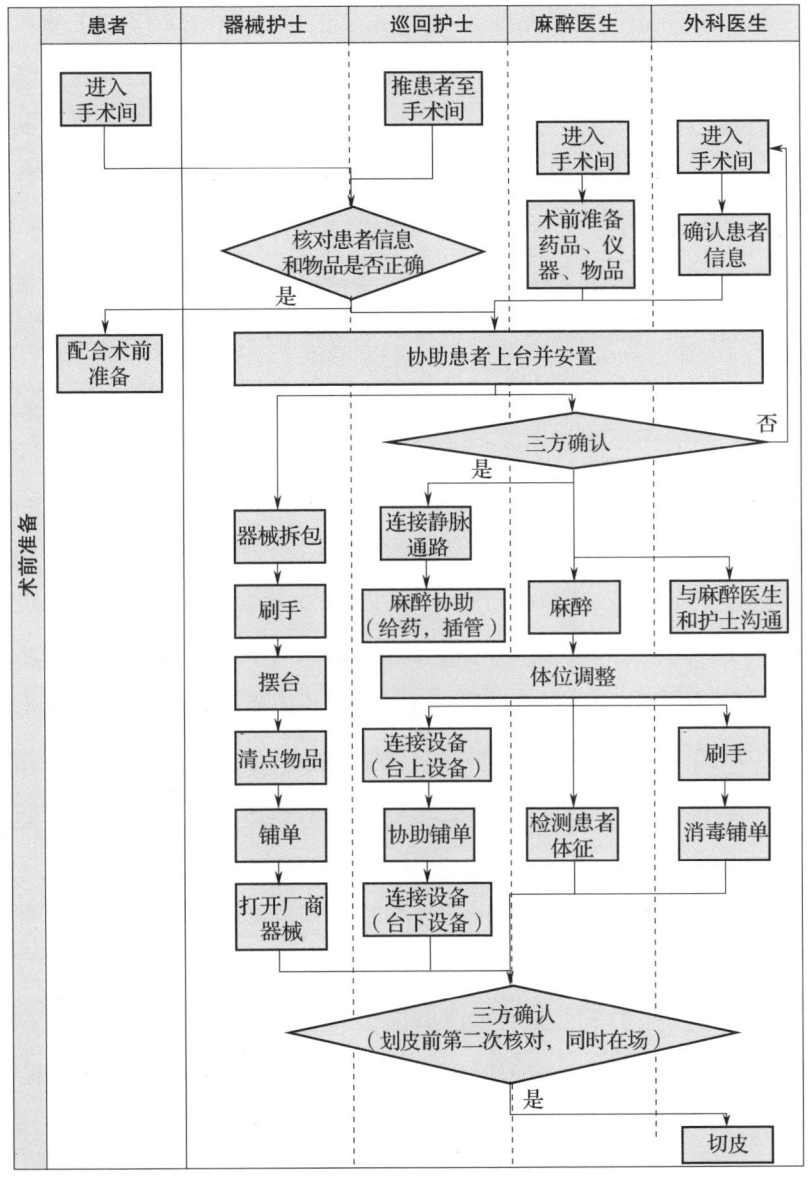

图3-4 术前准备-跨部门职能流程图

（3）术中：主要是手术治疗主体时间，医师工作占主导时间。钉皮包扎完毕为手术结束的重要标志，从切皮至钉皮包扎完毕被称为手术时间。钉皮包扎完毕也是翻台开始的标志判别时间点。手术执行者的专业性是手术时间长短的最重要因素。术中物品准备的全面程度，对手术的实施时间同样会产生影响。此外，手术中各个角色的紧密配合，操作的衔接熟练程度，麻醉、器械和主刀医生之间的默契程度也在一定方面影响着手术的效率。综上，此要素涉及医学专业领域较多，这已经超出了本书的讨论范围。术中的流程图如图3-5所示。

（4）术后处理以及病房交接：患者钉皮结束到下个患者进入术间的阶段，定义为术后处理阶段，该阶段为撤台翻台部分，患者离开手术间后，需要进行手术间内物品清理及整理工作，并进行手术间自净。其执行时间和效率也是影响手术室效率的因素之一。患者在离开手术间后转运到病房，并由医辅人员或麻醉医生与病房护士进行物品、单据等的交接，并叮嘱患者、家人术后相关注意事项，以便患者能够更好地进行术后恢复。术后处理及病房交接的流程图，如图3-6所示。

此外，由于手术室首台开台准时率直接影响了全天的手术排程及手术时间节点，因此有必要针对首台开台情况进行了解和分析，针对病房护士、患者、麻醉医生、巡回护士、器械护士、一助医生、二助医生、主刀医生等角色在早上7:00—9:00的时间阶段进行活动和行为的拆分了解，针对手术准时开台的要素进行探究。各角色在不同时间点的活动如表3-2所示。

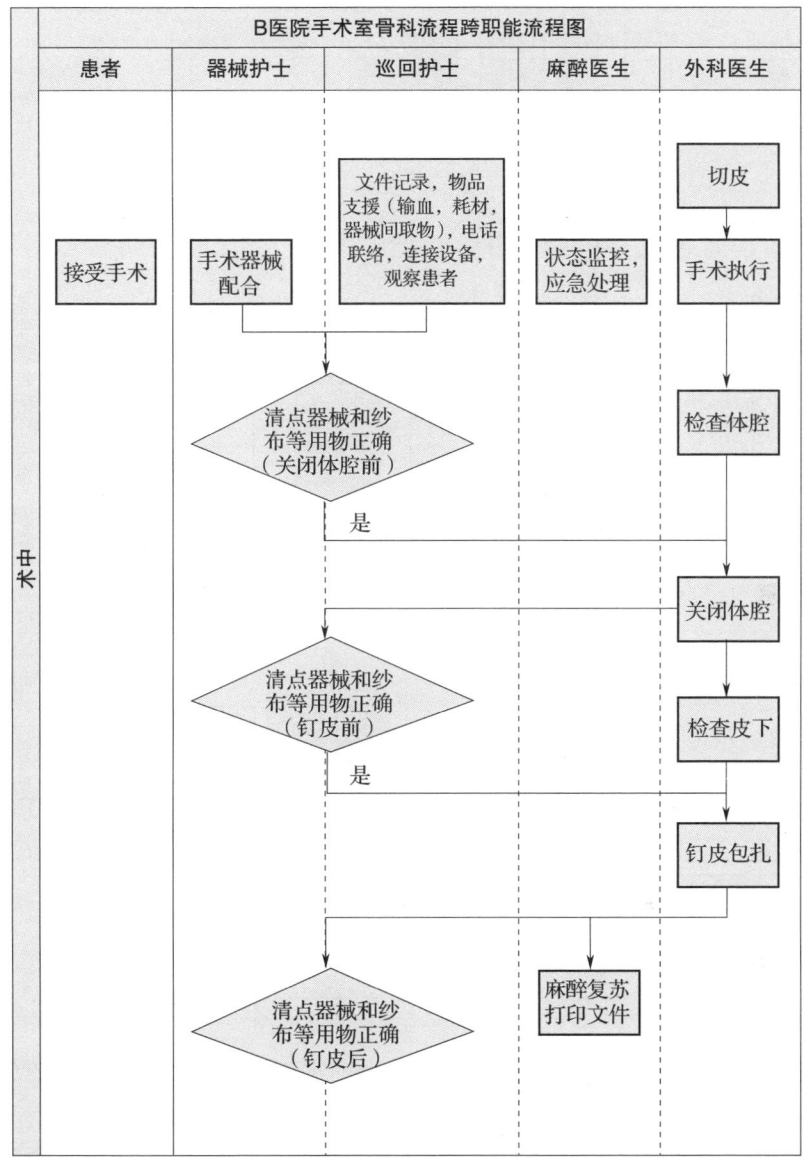

图3-5 术中-跨部门职能流程图

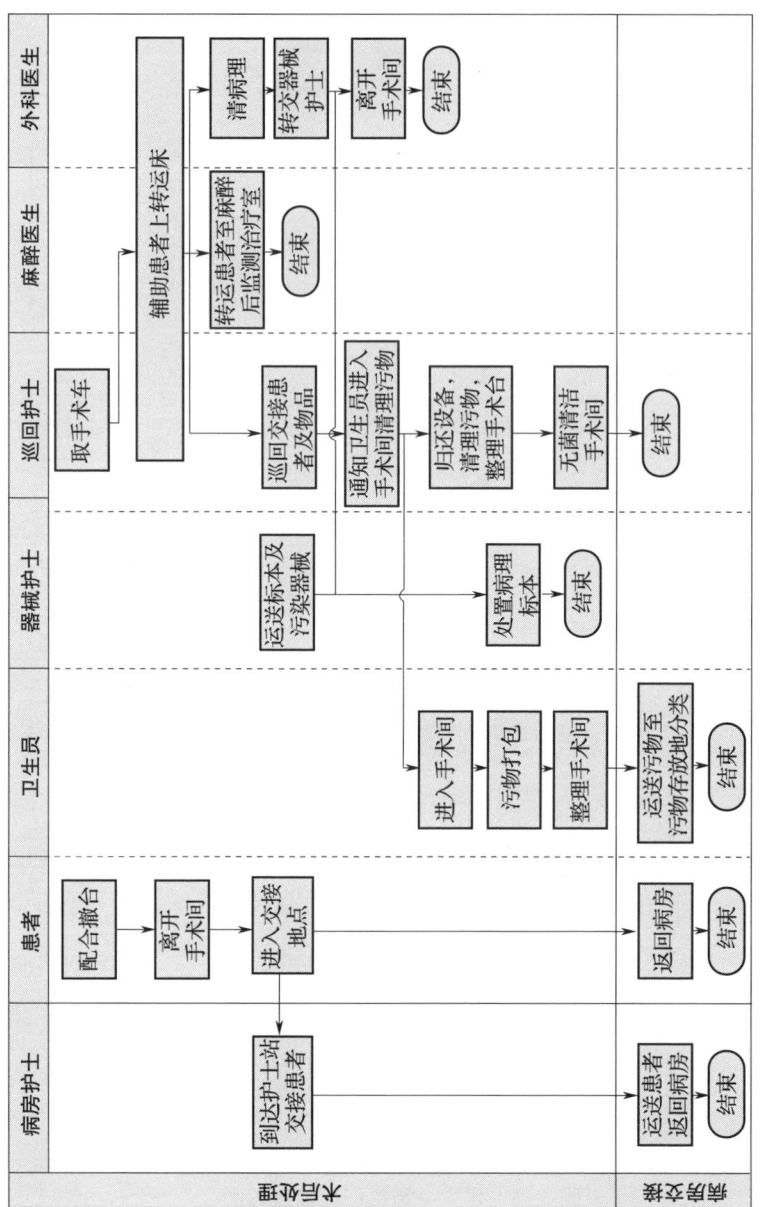

图3-6 术后处理及病房交接-跨部门职能流程图

表 3-2 首台开台角色活动

时间段	7:20–7:30	7:30–7:40	7:40–7:50	7:50–8:00	8:00–8:10	8:10–8:20	8:20–8:30	8:30–8:40
病房护士	辅助患者术前准备	运送患者	到达护士站交接	返回病房				
患者	术前准备	去手术室	配合核对个人信息	到达术间，配合准备	配合准备	配合准备	配合准备	配合准备
巡回护士	准备当天手术用品	晨会	交接患者，协助上台，麻醉，三方核对	备药、物品拆包	物品清点、协助铺单	连接设备	三方确认	文件登记
器械护士	准备当天手术用品	晨会	手术间器械准备	器械拆包、摆台	清点物品、协助铺单	信息沟通	三方确认	配合手术
麻醉医生		准备麻醉用品	协助体位，开始麻醉，三方核对	麻醉完毕	体征监控	体征监控、信息沟通	三方确认	状态监控
二助医生		进入手术间	协助上台摆体位，三方核对	体位调整	协助消毒铺单	协助设备连接	影像记录准备	配合手术
一助医生				体位调整、消毒铺单	消毒铺单	信息沟通	器械确认	配合手术
主刀医生			进入手术间		进手术间、信息确认	刷手、术前沟通	三方确认、切皮准备	手术进行

065

3.2.2 数据测量计划

在进行定性的流程梳理后,能够对手术室的手术流程有一个宏观的认识,对于流程阶段的划分、各个角色的相应职责以及在不同环节中如何配合,能够大致了解,在此基础上,需要针对OOE分解的两个关键指标首台准时开台率(Y_1)和翻台时间(Y_2)进行定量测量。

为了更准确地体现数据准确性,计划收集50台手术数据,数据测量重点为两方面:关键时间点及巡回护士工作量。

其中,关键时间点的测量数据包含:患者进入手术间的时间点、医生进入手术间的时间点、麻醉医生进入手术间的时间点、器械护士进入手术间的时间点、巡回护士进入手术间的时间点、划皮时间点、钉皮时间点、患者出手术间的时间点等,这一系列时间点的记录有助于统计该医院手术室的首台准时开台率以及不同阶段的时间间隔,并且能够从众多时间点中分析影响首台准时开台的因素,为后续诊断OOE提供科学的数据基础。

巡回护士在术中充当着重要的角色,需要全力地配合医生、麻醉医生及器械护士,负责术中耗材、试剂药品等的随时供给,并且承担着计费、手术信息单据填写等一系列周边活动。巡回护士的工作种类繁多且工作量大,并且在一定程度上影响着手术效率和手术进程,因此对于巡回护士工作步骤及工作量的研究十分必要。

3.3 分析阶段

3.3.1 手术室指标现状

根据手术数据的测量统计，计算得到该医院手术室 OOE：

$$OOE = \frac{SUM_{(手术结束-手术开始)}}{SUM_{(患者出手术间-患者入手术间)}} \times \frac{12}{24} = 30.72\%$$

$$缝合时间占比 = \frac{缝合时间}{手术时间} = 15.12\%$$

以上数据结果基于 50 台手术数据估算，失误或效率损失未在统计范围内，所以此利用率值相对保守。缝合时间占比单独进行统计。计划停止比率根据日常手术量水准进行测算，手术间使用时间占全天 24 小时的比率判定，科室手术室工作时间约 12 小时。

经过计算得到该医院手术室首台准时开台率为 26.7%，翻台时间平均 1.25 小时，OOE 综合水平为 30.72%，由此可见，手术室的首台大多数情况下不能准时开始，因此造成的准时开台率较低。此外，翻台时间也较长。因此，该医院手术室综合利用率水平经判定处于较低水平。

3.3.2 首台相关数据分析

首台准时开台在手术室的全天手术进程和手术排程中起到了

至关重要的作用，首台能够准时开台，手术就能够更加贴合原定的手术计划进行，相反若首台不能准时开台，不但对全天的手术计划造成影响，还会对医护人员的工作安排及接下来患者的手术安排在一定程度上造成影响。以下将针对收集的首台开台数据进行分析，以判断该医院的手术室准时开台的情况、延迟情况等现状（见图3-7）。

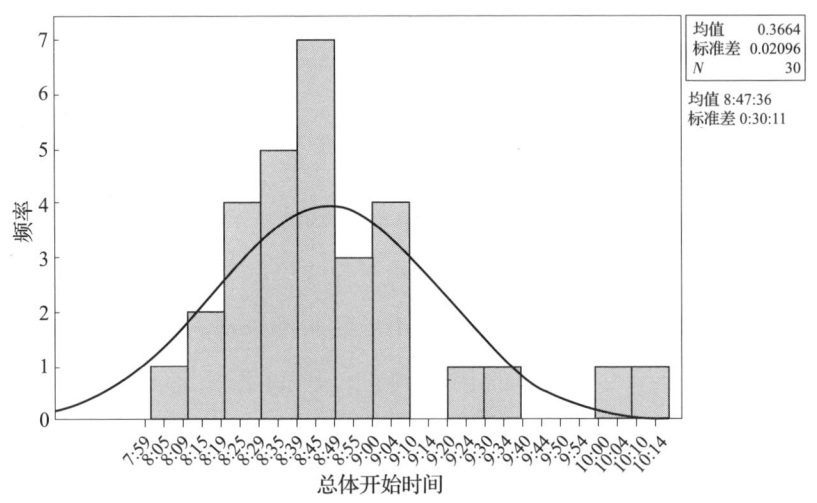

图3-7 首台开台时间统计图

根据图3-7的首台开台时间统计，可知该医院手术室目前的首台开台时间平均在8:47:36，总体均值介于8:36:20和8:58:52之间的可信度为95%，可见该医院手术室的准时开台情况较差，大多数的首台开台时间已经超过8:30。

由于该医院的手术种类众多，且涉及的科室也较多，经过与院方沟通，以下围绕一个骨科科室（骨四科室）将科室按照种类划分，分为骨四科室、非骨四科室、骨科科室、非骨科科室四类研究对象，并以骨四科室为试点研究对象（与院方讨论确定），进行深入的首台开台情况分析。

骨四科室、非骨四科室、骨科科室、非骨科科室的平均首台开台时间，如图3-8所示。

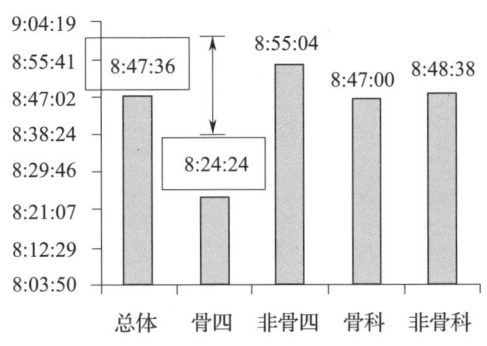

图3-8 平均首台开台时间统计图

由图3-8统计可知，骨四科室的首台平均开台时间在8:24:24，相对于其他科室以及总体情况来看，骨四的首台开台时间表现良好，大多情况下可以准时开台。但总体科室的平均开台时间为8:47:36，与规定的首台开台时间8:30相差17分钟，由此可见，该医院整体准时开台水平与标准要求差距较大。

骨四科室、非骨四科室、骨科科室、非骨科科室的平均延迟时间，如图3-9所示。

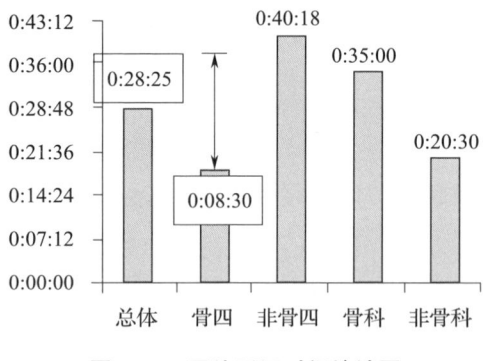

图 3-9　平均延迟时间统计图

为了更明确地展示首台开台时间的延迟情况，根据图 3-9 平均延迟的时间统计可知，相对于标准要求的准时开台时间8:30，骨四科室的平均延迟时间相对最短，约为 8 分钟，其他科室的延迟时间均在 30 分钟左右，整体科室平均延迟水平在 28 分钟左右，由此可见延迟时间较长。

各分类科室的准时开台率情况，根据统计可知，在分类科室中，只有骨四科室的准时开台率较高，在60%左右，其他科室的准时开台率表现均较差，整体准时开台率仅为26.7%，并且各科室之间的准时开台率水平相差较大，离散程度较大。

为了更好地了解和分析造成该医院手术室首台准时开台率低的原因，以下在研究方法中引入鱼骨图，以期从人、机、料、法、环五个方面寻找原因。鱼骨图由日本管理大师石川馨先生发明，又名石川图，它是一种发现问题根本原因的方法，也可以将其称为因果图，其特点是简洁实用，深入直观。它看上去有些像鱼骨，问题或缺陷（即后果）标在"鱼头"处。在鱼骨上长出鱼刺，按出现机会多寡列出产生问题的可能原因，有助于说明各个原因是如何影响后果的。在本研究中，首台准时开台率低则作为鱼骨图的鱼头，详细鱼骨图如图3-10所示。

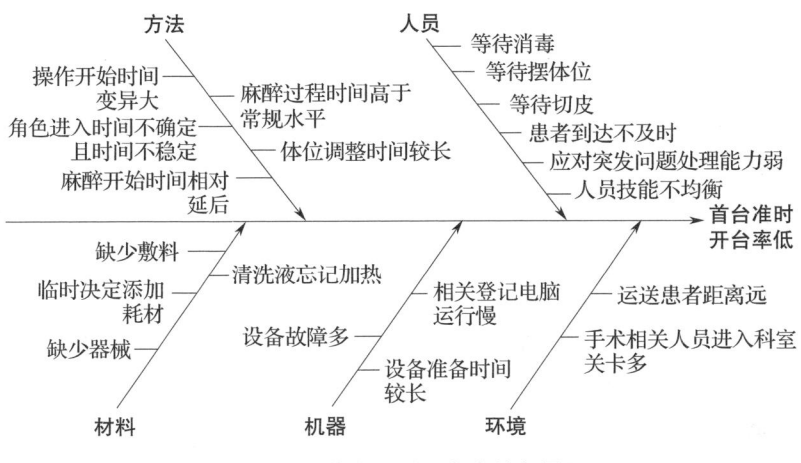

图3-10 首台准时开台率的鱼骨图

由鱼骨图分析可知，从方法层面，造成首台准时开台率低的原因主要是：操作开始时间变异大、角色进入时间不稳定、麻醉开始时间延后、体位调整时间长等；人员层面，主要是等待环节较多，如等待消毒、等待摆体位、等待切皮、等待患者等；材料方面，主要是准备阶段缺少一些耗材、试剂、敷料等；机器方面主要是设备准备和设备运行较慢；环境方面主要是各个角色与手术室的距离较远。

通过鱼骨图分析可以得到人、机、料、法、环等5个方面的影响因素，从而初步判断造成首台准时开台率低的原因。为了更加深入地了解根源，在本研究中引入5W分析法，5W分析法又称"5问法",即对一个问题点连续以5个"为什么"来自问,以追究其根本原因。虽然是5个为什么,但使用时不限定只做"5次为什么的探讨",以找到根本原因为标准,有时可能只要3次,有时也许要10次。5W分析法的关键是鼓励解决问题的人要努力避开主观假设和逻辑陷阱,从结果着手,沿着因果关系链条,顺藤摸瓜,直至找出原有问题的根本原因。表3-3是针对首台准时开台率的5W分析表。

以上5W分析法选取了鱼骨图中较为关注的几个问题,并邀请科室医务人员进行问答,通过问答得到了深层次的根本原因。例如:"为什么会出现一系列的等待情况"这一现象,通过5W法问答得到其根本原因是不清楚手术间的工作进度或者手术间的临时变动未传达到位;"为什么会出现患者到达不及时"的现象,通过提问得到的根本原因可能为医生未及时与病房进行信息沟通。

通过鱼骨图和5W分析法得知,造成首台准时开台率低的因素多种多样,且涉及的方面和层次也较为广泛,因此为了聚焦对首台准时开台影响程度更加明显的因素,还需要针对以上方法研究得到的影响因素进行重要程度排序和分类,以便更加准确地进行定位,在此采用CE矩阵的方法进行重要程度排序。

CE矩阵可以根据不同的标准或者重要程度、不同的关键业务及目标,为每个项目打分,然后根据总分为最后入选的项目排序。在该医院手术室准时开台率的CE矩阵中,以"发生频率"和"影响程度"两个指标作为依据,打分可为"0,1,3,9",

表 3-3 首台准时开台率的 5W 分析表

问题（1阶）	回答（1阶）	问题（2阶）	回答（2阶）	问题（3阶）	回答（3阶）
为什么会出现等待摆体位、消毒、切皮的情况？	1. 角色进入时间不确定且不稳定 2. 到达人员不具备相关技能	为什么角色进入时间不确定且不稳定	1. 对自身工作内容开始时间出现错误预判 2. 临时变动当前手术实施人员而未传达到位	为什么对自身工作内容起始时间出现错误预判？	不清楚当前手术间的工作进度
		为什么到达人员不具备相关技能？	经历培训但没有达到直接正确操作的能力		
为什么会出现患者到达不及时的情况？	1. 手术取消未通知 2. 开始时间变动未通知	为什么手术取消未通知？	病房忘记通知	为什么病房会忘记通知？	医生未及时与病房进行信息沟通
		为什么开台时间变动未通知？	主刀临时决定变更接患者的时间，而未通知病房	为什么会出现这种现象？	信息发起人与病房没有进行直接沟通或知道消息的人并非常规发起人

（续）

问题（1阶）	回答（1阶）	问题（2阶）	回答（2阶）	问题（3阶）	回答（3阶）
为什么体位调整时间过长？	出现一次调整不到位二次调整的情况	为什么会出现二次调整的情况？	一助或主刀临时发现体位不符合手术要求，而做临时调整	为什么会出现摆体位负责人所摆体位与主刀的判别差异？	没有相应术式参照依据
为什么操作开始时间变异大？	手术步骤中不同角色配合为强相关，某关键步骤无法进行会影响整体进度	为什么会出现某步骤无法进行？	关键执行人员未到位，或者到位未能执行当前紧要步骤	为什么未能执行当前紧要步骤？	因为手术同内相互配合的紧密度不足，没有相关流程配合操作标准进行参考
为什么麻醉开始时间相对延后？	患者进屋后，麻醉师还在准备当天麻醉用品	为什么麻醉师不能提前准备好相关物品	因为麻醉师进入时间较晚		

其中，发生频次依据团队经历发生概率进行评分，准时开台因素中单次发生可造成手术延迟10分钟以上的评9分，单次发生影响3~10分钟评3分，单次发生影响3分钟以内评1分，工作负荷因素中单次造成其他多数成员长时间等待的评9分，影响个人操作时间评3分，个人操作时间滞后（不对整体造成影响）进行的评1分，由此得到CE矩阵（见图3-11）。

重要等级			4	4	1	1	
			准时开台		工作负荷		合计
	关键要求		发生频次	影响程度	发生频次	影响程度	
		流程输入	评级：0, 1, 3, 9				
1	医生相关	医师错判手术间内工作进度	1	9	1	9	★50
2		临时变动手术实施人却未通知	1	9	1	9	★50
3		医师无相关实施操作经验	1	9	1	9	★50
4	计划变动	病房忘记通知手术取消	1	9	1	9	★50
5		病房不清楚手术时间变动	1	9	1	9	★50
6	流程变异	体位二次调整（人员认知差异）	1	9	1	3	★44
7		麻醉师进入时间较晚	1	9	1	3	★44
8		操作开始时间变异大	3	3	3	1	☆28
9		麻醉过程时间高于常规水平（患者体质差异）	3	3	3	1	☆28
10	专业技能	人员应对突发问题处理能力弱	1	3	1	3	☆20
11		人员技能不均衡	1	3	1	3	☆18
12	布局相关	运送患者距离远	1	1	1	3	☆12
13	管理规则	手术相关人员进入科室关卡多	3	1	3	1	☆20
14	设备相关	相关登记电脑运行慢	1	1	1	0	☆9
15		设备准备时间较长	1	3	1	3	☆20
16		设备故障多	1	3	1	3	☆20
17	物品供应	清洗液忘记加热	1	3	1	3	☆9
18		缺少敷料	1	1	1	0	☆18
19		临时决定添加耗材	3	1	1	3	☆20
20		缺少器械	1	3	1	1	☆18

图3-11　首台准时开台率的CE矩阵

根据 CE 矩阵打分及排序可知,从第 8 条原因出现打分断层的现象,因此针对排名前 7（或 8）的影响因素进行分析,并针对前 7（或 8）条因素进行亲和,将相似的因素进行分类,从而以更加全局的概念分析首台开台的影响因素。亲和图如图 3-12 所示。

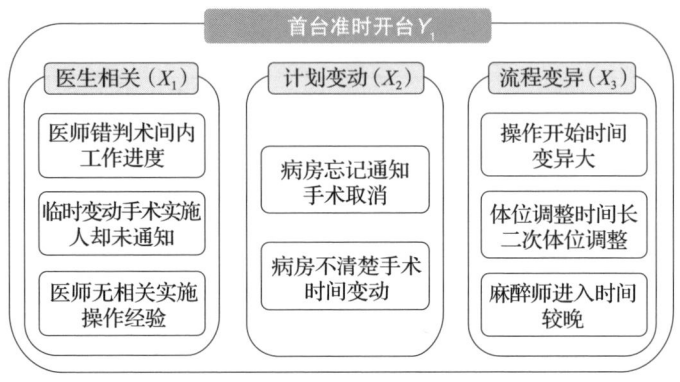

图 3-12 首台准时开台率的亲和图

经过 CE 矩阵得到的排序较高的 7（或 8）个因素进行亲和,得到"医师错判术间内工作进度""临时变动手术实施人却未通知""医师无相关实施操作经验"等因素亲和为"医生相关";

"病房忘记通知手术取消""病房不清楚手术时间变动"亲和为"计划变动";"操作开始时间变异大""体位调整时间长""麻醉师进入时间较晚"亲和为"流程变异"。

因此,首台准时开台率（Y_1）的 3 个影响变量即定义为医生相关（X_1）,计划变动（X_2）,流程变异（X_3）,接下来针对 3 个变量探究其对准时开台率的影响。

首先,针对医生相关变量,研究医生进入术间的时间对手术开始时间是否造成影响,如图3-13所示。

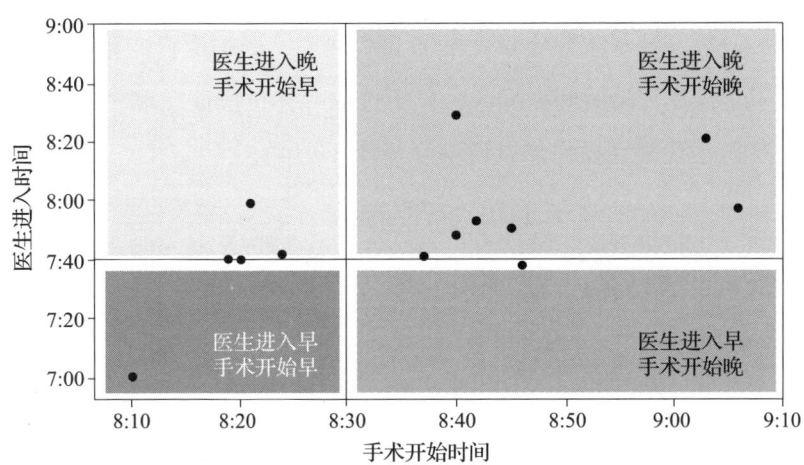

图3-13 医生进入与手术开始的散点图

由图3-13可知,将"医生进入"与"手术开始"作为两个变量,散点图中四个象限分别为:第一象限表示医生进入晚,手术开始晚;第二象限表示医生进入晚,手术开始早;第三象限表示医生进入早,手术开始早;第四象限表示医生进入早,手术开始晚。根据数据散点的分布可知,大多数据点落在第一象限,表明手术开始晚是由于医生进入晚造成的,说明医生的进入术间时间对手术开始时间有着较为强烈的影响。

其次,针对计划变动(X_2)的研究,可知影响该变量的有两个因子,即开台时间变动未通知、手术停止未通知,因此需要根据历史数据来统计计划变动的情况，13个手术间在130台手术中，累计有10台出现计划变动的手术。计划变动手术占比为7.69%，当计划变动后，每次重新准备下一台患者的延误时间至少为20分钟。

最后，针对流程变异（X_3）进行研究，影响流程变异的主要因子是操作开始时间变异大，以下选取"体位摆放"和"消毒铺单"两个代表性操作加以说明（见图3-14）。

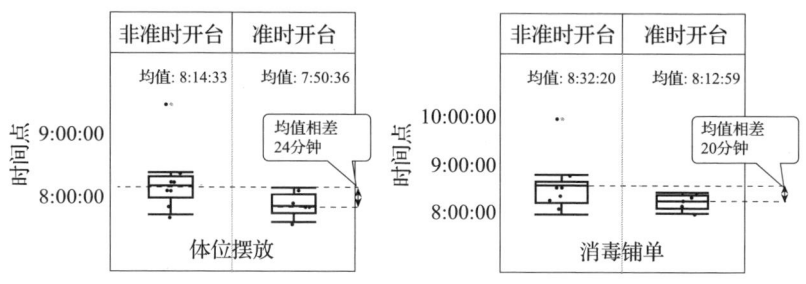

图3-14 体位摆放和消毒铺单的图

"体位摆放"和"消毒铺单"是首台开台前的重要操作步骤，根据图3-14可知，两个代表性操作准时开台和非准时开台均值相差分别为24分钟和20分钟，表明两种操作开始的时间变异较大，会在一定程度上影响首台开台的时间。

以上通过三个变量的分析，进一步明确了首台准时开台的影响因素，总结如表3-4所示。

表3-4 首台准时开台率分析汇总

序号	分类	现象	现场原因收集	关键因素	关键相关方	来源	改善方向
1	医生相关 X_1	等待摆体位	部分术式需等待医师到场或医助到场不具备执行能力	医师无相关实施操作经验	主治医师及医助	现场观测	1. 提出标准化准备流程参考，稳定人员到场预期 2. 提出操作技能评判建议
2		等待消毒	等待医师到场或医师到场不具备执行能力	医师无相关实施操作经验	主治医师及医助	访谈	
3		等待切皮	主治医师未能及时到场	医师错判手术间内工作进度	主治医师	现场观测	
4	计划变动 X_2	手术停止	1. 早晨手术患者状态不适合手术，但未及时通知手术室 2. 前一天晚上已决定不进行手术，但未及时通知手术室	病房会忘记通知手术取消	病房或对应科室	现场观测	定义沟通流程、主导责任方、非主导原则，信息共享方向，明确跨部门信息沟通方式
5		开始时间变动未通知	主治医师根据日程安排临时变动手术开始时间，但相关部门未周知，导致延迟	病房不清楚手术时间变动	病房或对应科室或知情人	现场观测	

(续)

序号	分类	现象	现场原因收集	关键因素	关键相关方	来源	改善方向
6		体位二次调整	一次调整不到位	调整体位标准执行监督	主治医师	现场观测	
7	流程变异 X_3	操作开始时间变异	1. 角色不在场 2. 角色相互配合的紧密程度不娴熟	角色相互配合的具体方式标准化	所有相关责任人	现场观测	提出标准化准备流程,设定建议操作步骤开始时间作为参考。寻找配合时间空隙,优化操作配合
8		麻醉起始执行时间相对延后	1. 麻醉师进行时间较晚 2. 本天或本台麻醉相关物品在患者到达之前准备未完毕	麻醉师进入手术室时间	麻醉师	现场观测	

3.3.3 翻台相关数据分析

将翻台时间定义为两个部分：

$$T_{翻台时间} = T_{(患者入手术间-手术开始)} + T_{(手术结束-患者出手术间)}$$

因此针对翻台时间的研究，需对两部分数据进行分析。

根据表3-5及图3-15可知，在翻台时间中，骨四科室在翻台的两个阶段表现均为最好，在手术结束到患者出手术间阶段的均值为9.5分钟，在患者进入手术间开始阶段的均值为56分钟，总体翻台时间均值为65分钟。而非骨四科室的整体翻台时间平均为85分钟，与骨四科室存在一定的差距。且从整体翻台时间

表3-5 各科室翻台数据分析

科室分类	数量/台	手术结束-患者出		患者入-手术开始		翻台均值（Y_2）
		均值1	标准差1	均值2	标准差2	
骨四	14	0:09:30	0:04:51	0:55:51	0:18:20	1:05:21
非骨四	16	0:14:00	0:06:22	1:10:56	0:31:33	1:24:56
骨科整体	30	0:11:54	0:06:04	1:03:54	0:26:54	1:15:48

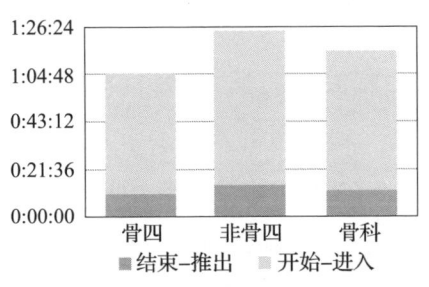

图3-15 各科室翻台均值数据对比

来看,术前开始的翻台时间远远大于术后的时间,并且各科室的翻台时间标准差均较大,说明翻台时间差异较大,存在明显的波动。

参考首台准时开台的分析路径,同样对翻台时间分别采用鱼骨图、5W 分析法、CE 矩阵进行根本原因分析及重要性排序,定位聚焦关键影响因子,并将因子进行亲和图分类,得到 4 个与翻台时间相关的变量,分别为:医生相关(X_4)、流程变异(X_5)、计划变动(X_6)、器械相关(X_7)。相关分析见图 3-16~图 3-19。

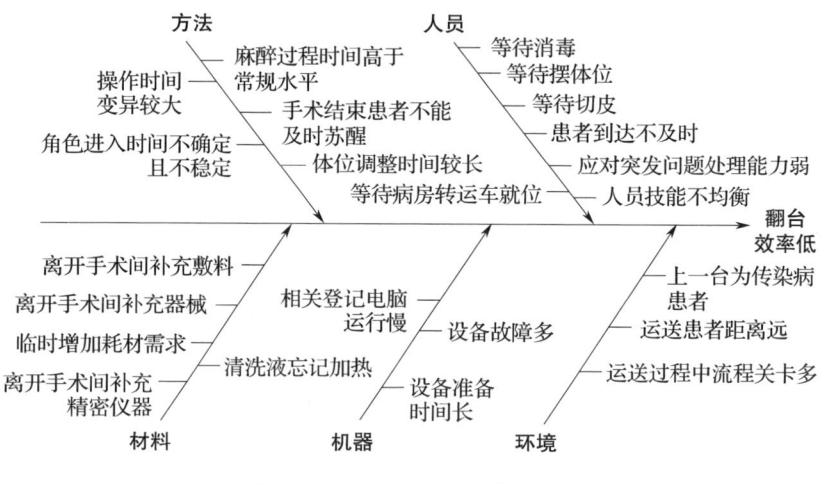

图 3-16 翻台时间的鱼骨图

针对变量医生相关(X_4),研究其对翻台效率的影响,以"患者入 - 医生入"和"患者入 - 手术开始"分别为横纵坐标进行散点图分析,可得到大部分数据表明医生进入距离患者进入时间高于 10 分钟,12 台医师错判室内准备工作尚未完毕,1 台临时变动实施人未及时通知,1 台医师进入后无相关操作经验,散

重要等级			4	4	1	1	
			翻台效率		工作负荷		
	关键要求		发生频次	影响程度	发生频次	影响程度	合计
	流程输入		评级：0，1，3，9				
1	医生相关	医师错判术间内工作进度	1	9	1	9	★50
2		临时变动手术实施人却未通知	1	9	1	9	★50
3		医师无相关实施操作经验	1	9	1	9	★50
4	计划变动	病房忘记通知手术取消	1	9	1	9	★50
5		病房不清楚手术时间变动	1	9	1	9	★50
6	流程变异	体位二次调整（人员认知差异）	1	9	1	3	★44
7		患者不能及时苏醒-麻醉后监测治疗室不具备接待条件	1	9	1	3	★44
8	专业技能	人员应对突发问题处理能力弱	1	3	1	3	☆20
9		人员技能不均衡	1	3	1	1	☆18
10	布局相关	运送患者距离远	1	1	1	3	☆12
11	管理规则	手术相关人员进入科室关卡多	3	1	3	1	☆20
12	设备相关	相关登记电脑运行慢	1	1	1	0	☆9
13		设备准备时间较长	1	3	1	3	☆20
14		设备故障多	3	1	3	1	☆20
15	器械相关	清洗液忘记加热	1	1	1	0	☆9
16		二级库距离术间近百米	3	3	3	1	☆28
17		等待二级库负责人（排队领取或找人）	3	3	3	1	★28
18		临时增加耗材需求	3	3	1	1	★28
19		等待病房转运车就位	1	3	1	3	☆20
20	院感要求	上一台为传染病患者	1	9	1	9	☆50

图 3-17 翻台时间的 CE 矩阵

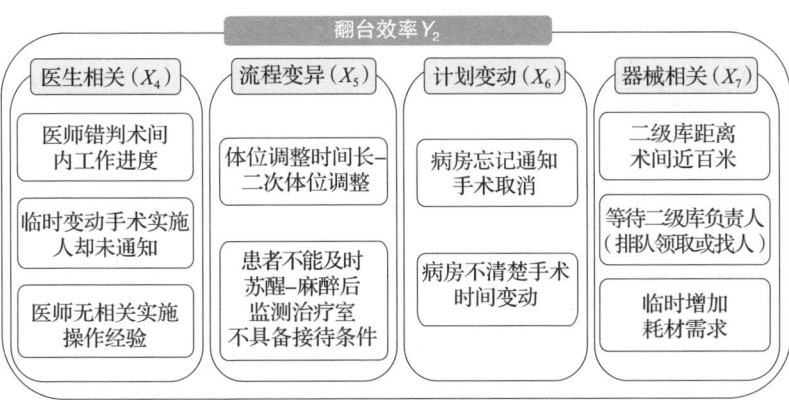

图 3-18 翻台效率的亲和图

点图中50%的点落在第一象限，医生进入晚，手术开始晚，说明医生对手术开始时间有重要的影响。

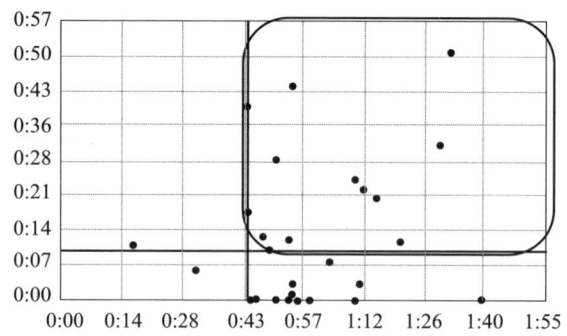

图3-19 "患者入-医生入"&"患者入-手术开始"的散点图

针对变量流程变异（X_5），其主要影响因子为患者苏醒时间、体位二次调整。由于患者个体敏感度造成对麻醉药物苏醒时间不同，需等待患者拔管后体征恢复至一定程度，才可出手术间或送至麻醉后监测治疗室或重症加强护理病房。据统计，患者苏醒时间为8~25分钟，患者苏醒时间直接延长翻台时间。此外，在二次体位调整的数据记录中，有近34%的手术一次体位调整不到位或者体位不合适，术中又进行了二次体位调整，造成了6~10分钟的翻台延迟时间。

针对变量计划变动（X_6），需根据历史数据统计，约每80台骨科手术中累计出现取消手术情况有5台，计划变动占比约为6.25%，每次重新准备下一台患者的延误时间至少为20分钟。

针对变量器械相关（X_7），需针对器械供应流程进行深入研究及分析。器械供应流程为：器械分发→器械使用→器械刷洗→送供应室消毒灭菌→器械分科分类储存，每个流程环节的详细分析如表 3-6 所示。

精密仪器供应流程：需求分类→安放所需精密仪器→手术间使用→清洗→检查维修→环消打包灭菌→存放库存，每个流程环节的详细分析如表 3-7 所示。

高值耗材供应流程：发布请领单填写需求→请领单收集→准备物品→物品拿取→欠缺物品补充（可能）→物品使用，每个流程环节的详细分析如表 3-8 所示。

在变量医械相关（X_7）中，其影响因子主要有临时需求和等待耗材/器械补充，其中临时需求可能是医生到达手术间后根据患者情况需要临时决断一些物品的需求。此外，等待补充情况的出现主要是因为耗材/器械补充时间长。根据以上的取用流程可知，流程取用环节较多，且涉及二级库取用时可能需要排队，往往二级库负责人正在处理其他事宜或者物品正在其他手术间存放或使用，则会造成长时间的等待现象，从而影响器械/耗材的供应，进而导致翻台时间延长，详见表 3-9。

3.3.4 改善优先级确认

通过对首台准时开台率和翻台效率的分析研究，整理出影响两个指标的关键因素及相应问题点，并提出改善方向，从影响程度和易行程度等方面综合评定改善优先级（见表 3-10），优先改善问题点为 A、E、H、I、J、K、L，以及根据问题点归纳总结出各因素的改善类别，便于后期改善作为切入点，分类标准如图 3-20 所示，类别为行为管理、标准化管理、设备仪器管理、现场管理、供应链管理。

表 3-6 器械供应流程

	器械分发	器械使用	器械刷洗	送供应室消毒灭菌	器械分科分类储存
输入	1. 分类完毕的无菌器械 2. 参照手术排班表	无菌器械	与清洗护士交接	1. 与供应室交接无血迹器械 2. 交接记录单	1. 无菌器械 2. 交接记录单
输出	无菌器械	污染器械	1. 无血迹的器械 2. 交接记录单	无菌器械	分类储存的无菌器械
相关介质	纸质排班表		纸质交接单	纸质交接单	纸质交接单
花费时间	5 分钟内	对应手术时间	6 分钟/台	3 小时左右 17:30 后送供应室器械在第二天 8 点前返回	
责任人	器械护士	器械护士	清洗护士	供应室老师	白班护士

表3-7 精密仪器供应流程

	需求分类	安放所需精密仪器	手术间使用	清洗	检查维修	环消打包灭菌	存放库存
输入	手术安排表	仪器预排表	术间精密仪器	1. 与清洗护士交接 2. 交接记录单	1. 无血迹精密仪器 2. 交接记录单	无故障无血迹的精密仪器	无菌的精密仪器
输出	精密仪器预排表	按需求分好的精密仪器	污染的精密仪器	无血迹精密仪器	无故障无血迹的精密仪器	无菌的精密仪器	
相关介质	纸质手术安排表	纸质仪器预排表	纸质记录交接单	纸质交接单	灭菌锅		
花费时间	30分钟	30分钟 7:30之前准备完毕	手术时间	<6分钟/台	1~2小时 13:30交接 15:00交接一次 17:30交接一次	2~3小时打包 12小时灭菌	
责任人	仪器管理白班护士	器械护士	清洗护士	白班护士	白班护士	白班护士	白班护士

表 3-8 高值耗材供应流程

	发布请领单填写需求	请领单收集	准备物品	物品拿取	欠缺物品补充（可能）	物品使用
输入	手术安排表	空白请领单	填写完毕请领单（护士/高值老师）	库房已分配好的高值物品袋	备货需求通知	已拆封使用的高值物品
输出	空白请领单	填写完毕请领单（护士/高值老师）	按每台式准备物品/备货需求通知	运送至手术间配好的高值物品袋	术前物品送至手术间	收费单
相关介质	纸质	纸质	照片			
花费时间	1~1.5小时左右50台			<5分钟	术前提供完毕	术中时间
责任人	白班护士	白班护士/器械&巡回护士	白班护士	巡回护士	一级库人员	器械护士

表 3-9 器械补充流程及时长

种类	角色	流程	时间花费	特点	人员占用	数据来源
设备	巡回	1. 需求产生 2. 发现本手术间缺少 3. 护士步行离开手术间寻找物品通知负责人（可能需要广播通知其他等待） 4. 负责人在对应库房寻找 5. 找到后交予护士 6. 护士返回手术间	3~7分钟	物品较大，从运输到定位完毕时间长，或室内设备位置调整（上下两台手术患者手术位置不同）	翻台期间，责任人被完全占用，无法进行其他事宜，会对翻台的时间造成影响	现场观测及访谈
耗材	巡回		2~5分钟	高值物品必须经过耗材负责人同意后进行取用		
精密仪器	器械/巡回		2~5分钟	偶发二级库不足，科室寻找		
器械	器械/巡回		2~5分钟	偶发二级库不足，科室寻找，或临时进行环境灭菌		

第3章 手术室里的精益六西格玛

表 3-10 改善优先级确认

序号	问题点	改善方向	开台	翻台	频次	影响	易行程度	综合
A	医师借判手术间内工作进度	1. 提出标准化准备流程参考，稳定人员到场预期 2. 提出操作技能评判建议	√	√	3	9	1	27
B	临时变动手术实施人却未通知	参考 A		√	1	3	3	9
C	医师无相关实施操作经验	参考 A	√	√	1	3	1	3
D	体位二次调整	提出标准化准备流程，设定建议操作步骤开始时间作为参考。寻找配合时间空隙，优化操作配合	√	√	1	1	3	3
E	操作开始时间变异大	参考 D	√		3	3	3	27
F	麻醉师进入时间较晚	参考 D	√		1	3	3	9
G	手术完毕后麻醉不能准时苏醒	参考 D		√	1	9	1	9
H	病房忘记通知手术取消	定义沟通流程，主导责任方、非主导方信息共享原则，明确跨部门信息沟通方式。	√	√	1	9	9	81
I	病房不清手术时间变动	参考 H	√	√	1	9	9	81
J	二级库距离术间近百米	1. 改变运输方式、快速换模^①，将线内时间转化为线外时间 2. 提升物品在仓库的提取速度 3. 快速定位物品最近的所在位置		√	3	3	3	27
K	等待二级库负责人（排队领取或找人）	参考 J	√	√	3	3	3	27
L	临时增加耗材需求	参考 J		√	3	3	3	27

① 这是一种将模具的产品换模时间，生产启动时间或调整时间等尽可能减少的过程改进方法。

序号	问题点
A	医师错判手术间内工作进度
B	临时变动手术实施人却未通知
C	医师无相关实施操作经验
D	床位二次调整
E	操作开始时间变异大
F	麻醉师进入时间较晚
G	手术完毕后麻醉不能准时苏醒
H	病房忘记通知手术取消
I	病房不清楚手术时间变动
J	二级库距离术间近百米
K	等待二级库负责人（排队领取或找人）
L	临时增加耗材需求

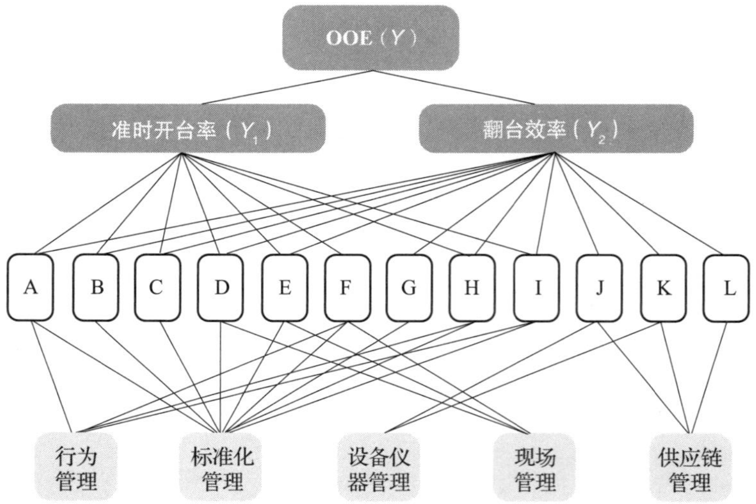

图 3-20 问题点归纳分类

3.4 改善阶段

3.4.1 改善建议点

通过对问题点归纳分类，不同类型的问题结合精益工具、智能化管理等相关工具采取相应的改善方法，得到表 3-11 所列的 A-N 改善策略，其中现场改善对应工具为：手术间布局优化、手术间 5S 管理、手术间目视化管理、手术间标准化管理；设备管理对应工具为：设备状态管理、设备定位管理、设备数字化管理；开台接台标准化对应工具为：开台接台流程优化、快速换模；供应链管理对应工具为：二级库目视化、供货方式改善、智能化设备管理；人员行为管理对应的工具为：流程及信息疏导、智能化设备引入和移动办公自动化引入。

表 3-11 改善策略

序号	改善分类	二阶序号	改善策略	序号	改善分类	二阶序号	改善策略
1	现场改善	A	手术间布局优化	3	开台接台标准化	H	流程优化
		B	手术间 5S			I	快速换模
		C	手术间目视化	4	供应链管理	J	二级库目视化
		D	手术间标准化			K	供货方式改善
2	设备管理	E	状态管理			L	智能化设备管理
		F	定位管理	5	人员行为管理	M	流程及信息疏导
		G	数字化管理			N	智能化设备引入和移动办公自动化引入

3.4.2 收益矩阵分析

考虑到院方成本效益因素，并非所有列举的改善策略都适用于现阶段的科室，因此使用收益矩阵分析来筛选适用于该医院科室现阶段的最佳策略集，如图3-21所示。

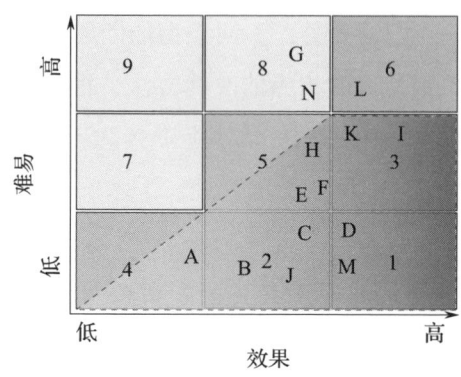

图3-21　改善策略收益矩阵分析

在收益矩阵中，以效果作为横坐标，难易程度作为纵坐标将所有的改善策略进行坐标分布，其中处于收益矩阵对角线下方的改善工具更适合于投入实施改善。在本研究项目中，适合改善的策略主要以精益工具和方法为主，引入智能化设备的策略短期内暂不考虑。

3.4.3 布局优化

科学的布局优化与布局设计需要考虑人流、物流、标本流，若在实际工作中人流、物流等路线存在交叉、往返次数多、行走距离长的问题，则需要对布局进行优化，从而更加符合工作需求，减少不必要的浪费，提升效率。

其次，布局设计还需要注意室内区域的合理划分，如感控要求的洁净区、缓冲区、污染区，以及功能区域要求的手术操作区、耗材存放区、电脑操作区、等候区、办公区等。区域的合理合规划分有助于设备设施的正确摆放和医护人员的工作习惯养成。若区域划分不明确，就会造成物品随意放置、取拿不便甚至出现感控安全问题，不但为医护人员的工作带来不便，严重时还会威胁到患者的安全。

此外，在布局设计时，还需要对设备设施、耗材试剂等的摆放位置进行合理定位，不但要符合医护人员的日常操作习惯，还要在精益原则上避免移动过多、操作不便、动作浪费等现象，从而实现设施设备的最佳摆放位置。

如图3-22的布局优化案例，从感控安全、空间利用率、功能区域划分等方面进行改善。

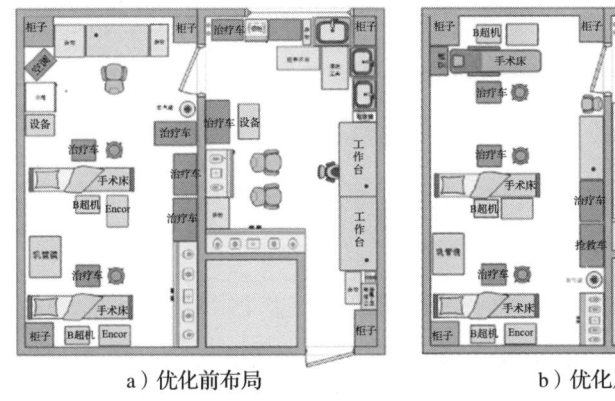

a）优化前布局　　　　　b）优化后布局

图3-22　布局优化前后对比图

本案例的布局设计应尽可能地增大洁净区的手术操作空间，提升整体空间利用率，科学化布局计费区、杂物区、耗材区、等待区等区域的划分，从而为医护人员营造高效便捷的手术环境，为患者提供安全舒适的就诊体验，给患者提供更加专业的服务，提升其满意度。

改善后，首先从感控层面，将洁净区、缓冲区、污染区合理划分开，并将生活冰箱、医护水杯茶壶等私人用品从洁净区移至更衣区或缓冲区等区域，并设置指定的放置处，依据行业及院方感控标准，将原来的设备设施及手术室用品按照其合理位置分布在对应的区域内，以达到感控安全；其次，在空间利用率方面，将手术操作区内的大型治疗车根据术中所需耗材量的占用面积更换为对应的定制尺寸的简约治疗车，以便为医护人员术中移动腾出空间；将计费电脑桌与耗材柜一并置于靠墙处，使手术操作区增大 1/3 的空间，可以多放置一张床用于患者休息，从而将手术区和工作区/耗材区有效划分开；在非手术操作区域，引入定制化耗材柜，充分利用纵向空间，以实现相同的耗材物品能够用更少的占地空间来容纳，并且专设患者等候区，整体区域更加舒适和安全。

通过布局优化，扩大手术操作空间，手术床由 2 台增加到 3 台；手术操作空间增加 32.5%，充分保证每台手术床的操作空间，不拥挤、不碰撞；将手术操作区、工作区和耗材区合理划分，医生操作和护士计费互不影响；耗材柜专设患者座位，可容纳 2 位患者等待（材料加固，保证患者安全），将等候区设置到墙边，最大限度地腾出空间给人员移动，整体空间给患者更加专业化的科室管理印象。

改善前后对比图及相应指标对比可见图 3-23～图 3-27。

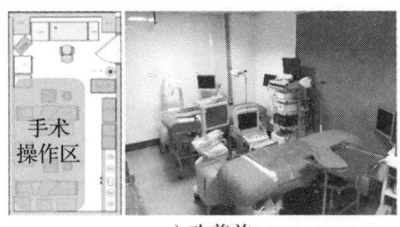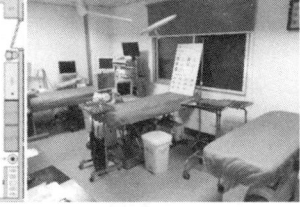

a）改善前　　　　　　　　　　　b）改善后

图 3-23　手术操作区对比图

a）改善前　　　　　　　　　　　b）改善后

图 3-24　患者等候区对比图

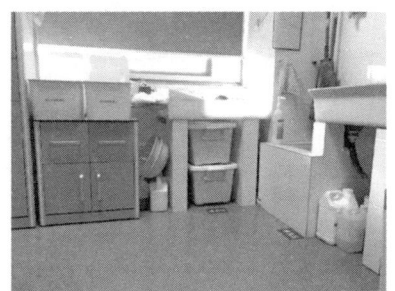

a）改善前　　　　　　　　　　　b）改善后

图 3-25　杂物区对比图

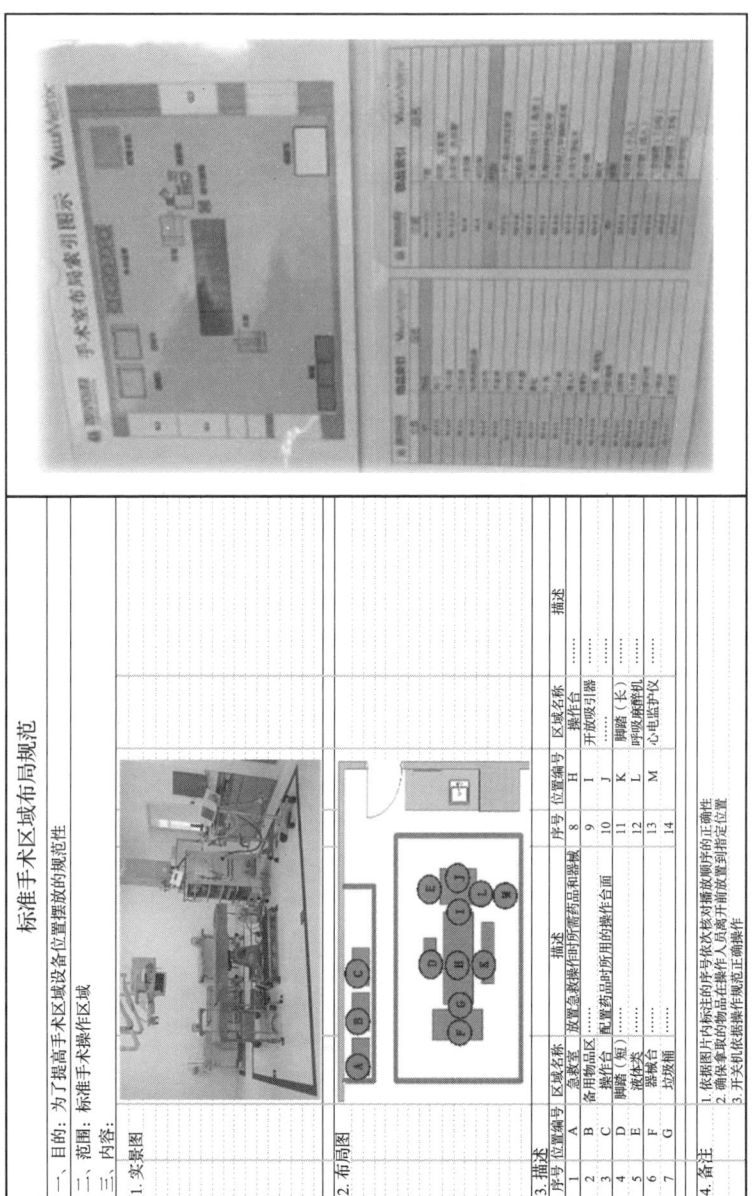

图3-26 标准手术区域布局规范

布局图	平面利用率	空间利用率	可移动空间	单位面积空间容纳量	手术床	三区划分
改善前	44.9%	41.2%	12.4%	40.3%	2台	无
改善后	77.4%	74.2%	37.2%	69.7%	3台	有
改善前后对比	提升32.5个百分点	提升33个百分点	提升24.8个百分点	提升29.4个百分点	√	√

图 3-27　布局优化前后指标对比

3.4.4　目视化管理

本案例中目视化管理主要应用如表 3-12、图 3-28~图 3-30 所示。

表 3-12　目视化管理

序号	分类	意义
1	地面标识	借助地面标识划分感控三区、耗材区、手术区等区域 借助定位标识框定设备设施位置，以便取用归位和定位，防止乱放乱扔现象，起到约束作用
2	桌面标识	合理区分桌面杂物放置位置，防止桌面混乱，影响工作
3	上墙资料	规章制度、宣传资料等
4	文件管理	利用文件袋、文件架保护重要文件，便于取拿和翻阅，亦可防止文件破损

图 3-28　目视化管理 - 三区划分

 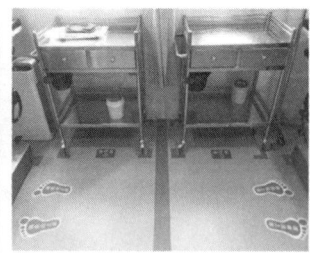

图 3-29 目视化管理 – 定位

图 3-30 目视化管理 – 桌面标识及文件管理

3.4.5 现场设备管理

本案例设备管理应用如表 3-13、图 3-31~图 3-36 所示。

表 3-13 设备管理

序号	类别	意义
1	设备定位管理	防止随意取用摆放，避免找不到设备情况发生
2	设备状态管理	设备状态牌，可显示运行、待机、维修三种状态，使设备状态一目了然，及时报修
3	设备位置规范标准作业程序	规范设备位置及取用流程
4	设备线材防错管理	运用颜色，防止设备较多，线材出现混乱交叉现象，可参照颜色正确连接设备
5	设备保养维修流程标准作业程序	规范设备维保流程
6	设备管理看板及监控报表	规范设备整体管理及监控

第 3 章 手术室里的精益六西格玛

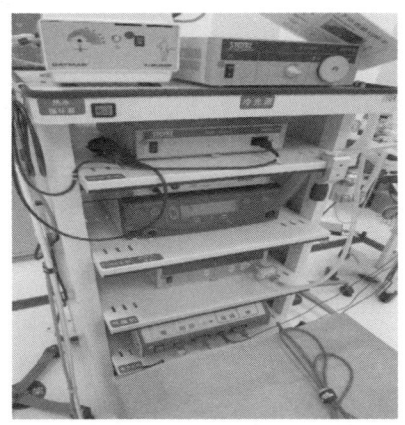

图 3-31 设备管理-线材管理（颜色-防错管理）

标准手术设备位置规范标准作业程序			
一、目的：为规范手术设备位置摆放，提高环境的规范程度			
二、范围：标准手术作业台			
布局图	设备	开放手术	腔镜手术
	Ⓐ 热水循环泵		√
	Ⓑ 冷光源		√
	Ⓒ 摄像主机		√
	Ⓓ Enseal主机 超声刀主机	√	√
	Ⓔ 气腹机		√
	Ⓕ 电刀	√	√
	Ⓖ 冲洗吸引泵		√

图 3-32 设备管理-设备位置规范标准作业程序

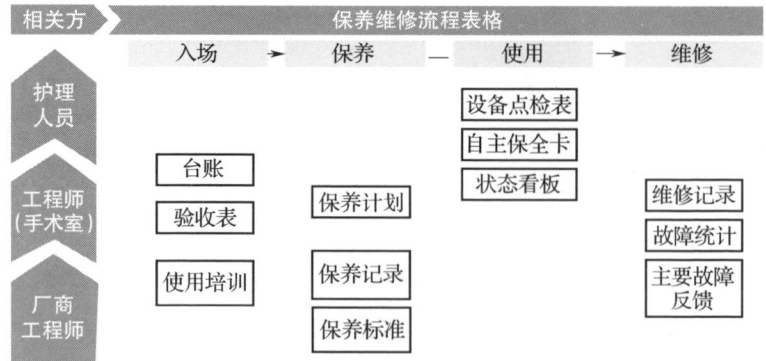

图3-33 设备管理-设备管理体系

图3-34 设备管理-设备定位管理

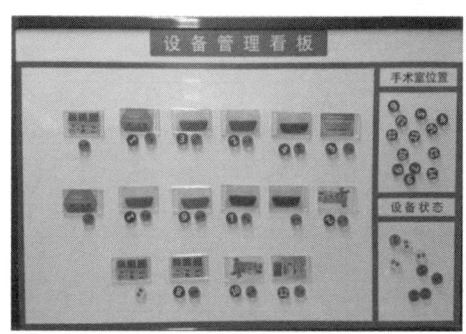

图3-35 设备管理-设备管理看板

第3章　手术室里的精益六西格玛

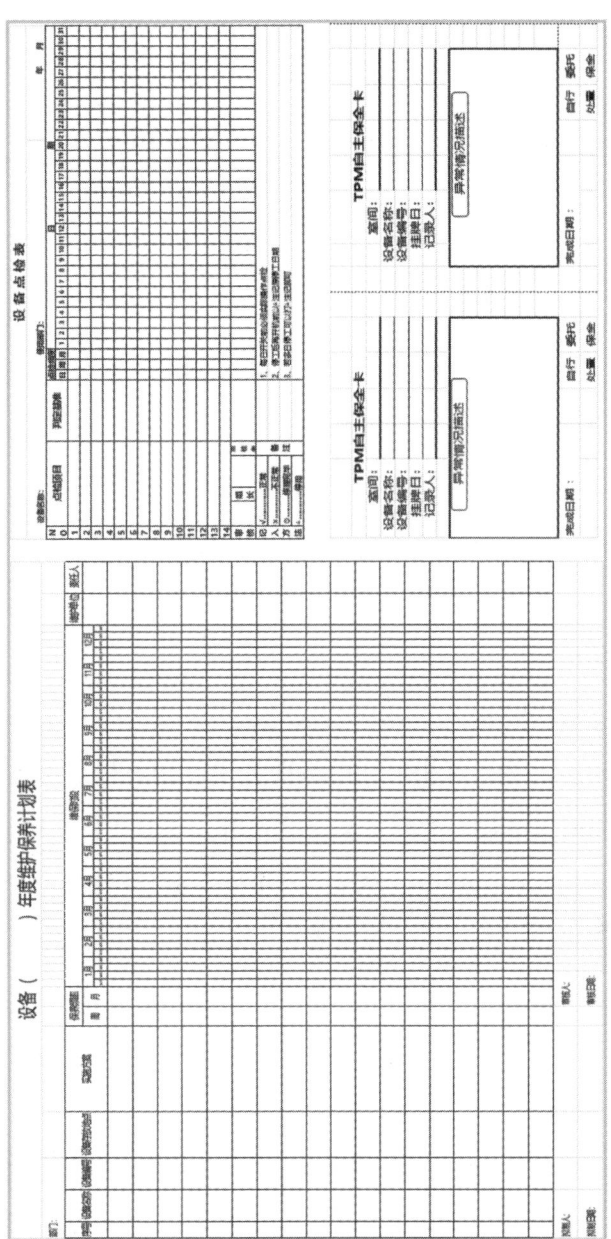

图3-36　设备管理-设备监控

3.4.6 开台/翻台流程标准化——快速换模

在开台/翻台流程优化中可以引入快速换模技术（Single Minute Exchange of Die，SMED），在 SMED 中，需要明确三大基本要点。

第一，区分内外。

区分内外是指把换模作业区分为内部准备作业、调整准备作业和外部准备作业。所谓内部准备作业，是指必须把机器停下来才能做的准备作业，如模具的拆卸与安装。调整装备作业是指模具安装完成到第一个合格品产出的作业。外部准备作业是指在机器运转中可做的准备作业，如模具的修理、换模具所用的工具及材料的准备等。

第二，由内转外。

由内转外就是尽可能地把内部准备作业转为外部准备作业。把机器停止时才能展开的准备作业改善后，变成在机器运转中即可预先完成的作业。例如，塑料注塑机注入成型制程，下回要上模生产的模具，可提前预热金属模具，不必等到上设备后再做预热作业，换上模具后即可生产，如此可节省金属模具的加温作业时间。

第三，优化内外。

优化内外就是缩短内部准备作业的时间及外部准备作业的时间。

在本案例中，可结合 SMED 技术，适当调整至符合手术室应用的 SMED，具体如表 3-14、图 3-37 所示。

表 3-14 定义最优流程步骤

	定义最优流程步骤
1	选取典型术类（如：骨科运动医学类）
2	区分接台内外部时间
3	将接台外部时间尽可能地并入术中时间
4	剩余接台内部时间参照高年资、高熟练度工作人员制定标准流程
5	培训全员并逐步推广至其他术类

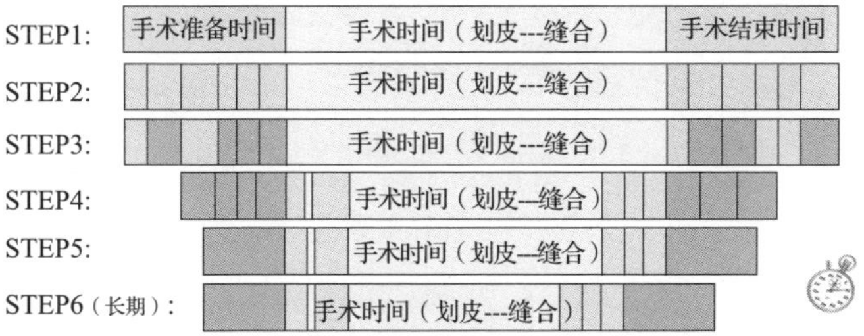

图 3-37 SMED

3.4.7 耗材管理

耗材管理具体如表 3-15、图 3-38~图 3-40 所示。

表 3-15 耗材管理

改善管理	改善内容	实施意义
耗材管理	优化耗材摆放位置	耗材获取更符合使用频次和人体工程学，降低工作量和寻找时间
	耗材现场三定管理	提升耗材获取效率，降低库存和断供风险
	耗材管理先进先出	制定先进先出原则，防止效期问题产生
	建立物品管理索引	为耗材摆放建立地图，提升效率，缩短寻找时间

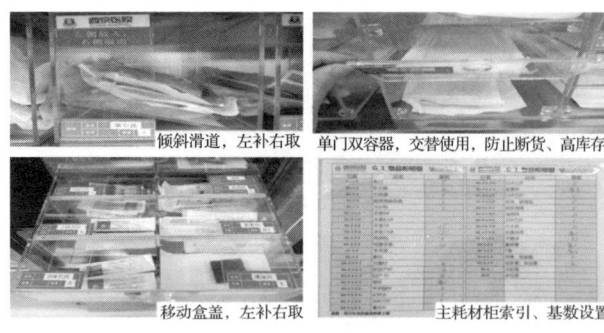

图 3-38　耗材管理（一）

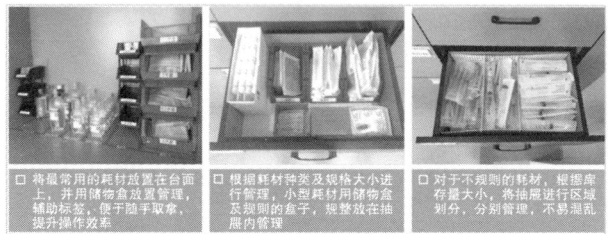

图 3-39　耗材管理（二）

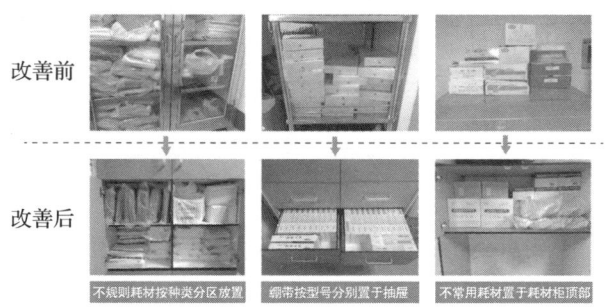

图 3-40　耗材管理（三）

3.5　控制阶段

3.5.1　改善方案执行情况监控

改善方案执行情况监控具体如图 3-41 所示。

序号	对应问题描述	改善对策	预计开始时间	预计结束时间	负责人
1	患者乘坐手术专用电梯，导致电梯等待时间长	设置目视化管理标识，禁止其他人使用手术专用电梯			
2	中转间的柜子没开关不严，干扰运输床移动	将柜子的门改成利用弹簧弹力复位自动关闭的门			
3	运送的过程中，从中转间出来，找不到对家属，手术开始时没有对家属讲清楚接在哪里接术后患者	在3~5楼手术间的患者家属等候区域设置患者家属可视化须知			
4	发现患者没有接单，重新找被单章盖上	制定转运流程标准化作业程序，并可视化的形式展示在中转间，并对转运护士进行培训			
5	覆盖子噘被推送到了中转间护士站到不到患者资料，让转运护士去给医生、护士站，护士最后在自己桌子上找到了护士去找，护士不在病房	在护士站统一设置针对手术患者的资料存放框，将准备好的资料统一放在框中，减少转运护士上找时间			
6	没挂手术间导牌	设置手术间导牌挂要，挂在中转间内的墙上，按照3、4、5层对应手术间号设置，减少手术等时时间并降低忘记的概率			
7	到了手术间口没挂手术间牌子 患者血压太高，不知道是否满足手术要求，护士询问医生 患者的药错误 心电图没准备 知情同意书家属没签字 患者没换病号服 患者手术未上床前临时去厕所 发现患者没有手腕带 家属不在，患者不能自由起床活动，需要找人拾者 制胳膊里面有病床需要移出来，才能马上挂胳膊推注手间	制定协助患者的手术前后准备标准作业流程，可视化展示在护士站，并护士培训			
8	按表的患者进入中转间内存在等候延迟，不是马上挂胳膊推注手术间	个人转运数量记录个人绩效评的指标			
9	中转间内部门口只有换了的床单堆积	对旧床单收集数量设置重量报警系统，换下旧床单重量达到一定标准时，自动收集被褥床单的人员发出信号			
10	没运输间，打电话比13楼同事运达到8楼电梯口 无空闲床位，患者在楼梯行	根据每日的手术量重新核算手术床的数量，并对手术床的使用、运输、维护进行标准化管理			
11	由于患者在中转间等待，导致患者以为手术时以为患者还未到达，重复发出接病人的通知 如果易通过楼间A楼接的接送患者需求，则需送者需需要回到中转间后才能叫下楼，并须有护士站等 预计划到A楼接的患者被修移到到另一个乡科患者 约电梯电话占线 自己手机预约 送这过程中，在护士站询问中转间有无接患，有医生未到时间的，导致空间拥挤就小，未之间容易堵塞 中转间口以及通道堵塞	建立中转间、医生、转运护士、电梯间的即时信息沟通系统			

图3-41 监控计划

快赢（短期）

长期改善

3.5.2 PDCA 持续改进措施

PDCA 持续改进措施具体如图 3-42 所示。

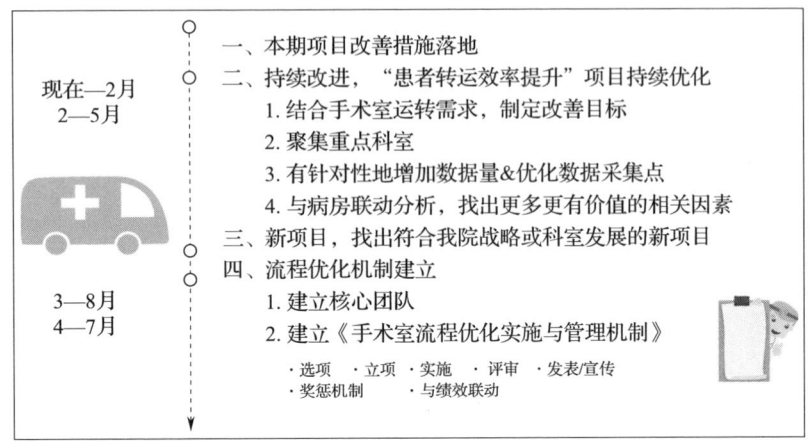

图 3-42 PDCA 持续改进措施

3.6 本章小结

手术室运营管理的提升，依赖于多方的共同努力。手术流程、翻台流程、设备管理、耗材供应管理的合理性、高效性以及各职能角色的有效配合等，都时刻影响着手术室的综合运行效率及管理水平，而流程改进是提高输出的重要办法，你必须仔细地检查工作流程，而精益六西格玛则恰恰可以为你提供一种全流程全方位的分析研究方法。

第 4 章

影像科的精益
六西格玛

影像科是以医学影像设备为基础，由其科室内的技师和医师运用医学影像学的理论和技术，进行疾病诊疗、疗效观察和实验研究的科室。随着医学影像学的不断发展，医学影像学检查已成为医院中不可或缺的检查手段，为临床诊断提供了有力的保障。影像科设备通常具有成本高、数量少、占地面积大的特点，影像检查大量排队的现象随处可见，甚至需要预约等待几天至几周才能检查的现象屡见不鲜。以核磁设备为例，2017年我国磁共振成像（Magnetic Resonance Imaging，MRI）设备百万人口拥有量为6.2台，韩国是29台，美国是38台。我们与发达国家的核磁资源百万人口拥有量还有一定的距离。从MRI设备分布来看，国内MRI设备的主要客户为二、三级医院。二级医院保有量占比最高，其次是三甲医院和一级医院。随着患者的增多，医疗需求的增加，医疗资源规模的扩张，医院不仅面临设备成本问题，同时也面临物理条件的限制，如何运用现有的资源为更多的患者提供相应的医疗服务，影像科也同样面临此类问题。为了解决此类问题，科室通常在周末也安排患者进行检查，并且投入大量的人力资源保证设备充分利用，尽量提升设备的使用效率，使患者能够更快地拿到结果，为医生提供诊断支持，加快院内患者的流转。

对影像科来说，如何使用现有设备为更多的患者提供检测是影像科管理者每天面临的问题。

4.1 定义阶段

4.1.1 项目背景

H 医院是一所大型综合性三级甲等医院，多年来 H 医院在肿瘤防治能力方面国内知名、全省领先，其诊疗实力突出，医疗设备先进。放射科由普通放射、CT 室、核磁室（以下简称 MRI 室）组成。其中，由于核磁设备相对其他设备数量最少，且设备本身成本高，诊断信息获取时间长，核磁诊断的供不应求是当前科室面临的主要挑战。目前，科内设有 3.0T MRI 核磁共振仪设备两台，设备设置在门诊一楼。

H 医院放射科每年接待核磁患者两万多人。每日安排核磁检查患者约 80 人。随着患者基数的增多，检测需求日渐增加，核磁检测长时间预约和排队等待的现象日益严重。患者在长时间的诊断过程中存在较多抱怨。想要在短期内通过引入新设备解决问题，医院面临设备成本高、引入周期长、设备安置区域受限、人才培养等问题。短时间内如何满足患者的需要成为当前困扰 MRI 室的主要问题。

4.1.2 客户需求分析

院方反馈认为 MRI 室检测患者日趋增多,希望能满足更多患者的核磁检测需求,在现有资源的基础上缩短核磁检测的预约等候时间,以便缩短平均住院时间,提升内部医生满意度和外部患者满意度。在对患者的调研中,患者和医院工作人员也有一致性的呼声,如等待检查的时间长、距离核磁地点比较远、等待区域拥挤、预约之后没有及时来检查、患者身上携带金属物品没有与技师沟通而存在安全风险等。据此,如何在资源有限的基础上充分利用核磁设备满足更多患者的检测需求是 MRI 室当前面临的主要问题。

4.1.3 确定项目测量指标

从 MRI 管理角度看,单位时间内完成更多的检测是解决以上问题的重要途径。通常有两种方式解决此类问题,第一种是购置新设备,也就是单位时间内有更多正在排队的患者可以并行进行核磁检测。但是我们曾在项目背景中提到,购置新设备面临一系列困难,短期内难以实现。第二种是在现有设备的检测基础上缩短每位患者检测的周期时间。采用这种方法就需要深度挖掘现有流程的运行现状,量化分析,找出可以提升的空间,然后进行改进和标准化。我们可以将第二种方法理解为提升核磁设备的利用率。为了更好地解决 MRI 室的问题,我们需要先将问题使用恰当的指标进行测量，这次我们建立的指标是 MRI 设备综合效率（Overall Equipment Efficiency，OEE），也就是实际的设备能力相对于理论能力的比率。其计算公式为：

$$OEE = \frac{增值运行时间}{自然工作时间}$$

自然工作时间：全天设备可以开动的时间；

增值运行时间：设备运转做检查的时间。

我们将自然工作时间拆分为：

X_1：计划内设备停机时间；

X_2：患者转换过程中所需要的时间；

X_3：设备非计划停机时间；

X_4：设备运行过程效率损失。

因此，我们可以将公示转化为：

$$OEE = \frac{增值运行时间}{(增值运行时间 + X_1 + X_2 + X_3 + X_4)}$$

通过图 4-1 表现更为直观。

增值运行时间越长，OEE 越高，单位时间内能够完成的检测也就越多。因此 MRI OEE 可以定为衡量现状水平和改进效果的测量指标。

4.1.4　组建项目团队

根据项目需求，放射科组建了项目专家组，由科室主任主导，组建 5 名成员组成的专家组，分别包含学科组专家 1 名，医生 1 名，技师代表 1 名，顾问 2 名。

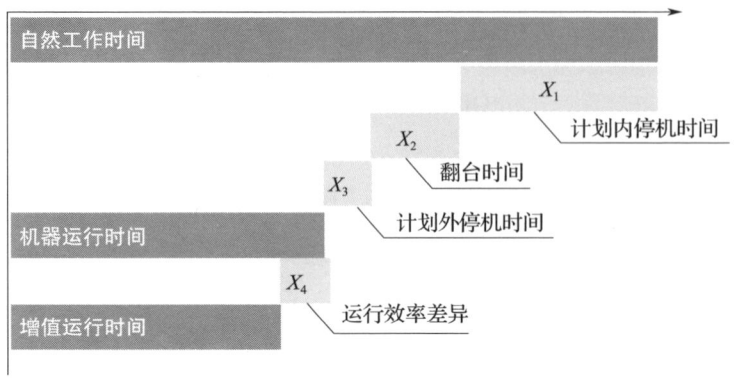

图 4-1　OEE 的时间组合模式

4.2　测量阶段

4.2.1　梳理系统现状

一般来讲，患者看病的流程系统中某个环节存在长时间等待的现象，通常会判断此环节有可能是系统中的瓶颈环节。瓶颈一般是指系统中的关键限制因素。流程中的瓶颈是指那些限制工作流程整体水平的单个或少数几个因素。如果想提升一个系统的运行效率，通常会针对系统的瓶颈环节进行研究和改进。根据约束理论，如果研究改进的目标并非一个系统中的瓶颈，那么它对这个系统的运行效率的提升也不会起到实质性作用。因此测量阶段首先测定对于核磁检测环节的研究是否能为整个系统带来效益。

我们可以采用画价值流程图（Value Stream Mapping，VSM）的方法来研究该环节是不是瓶颈。首先，我们要明确 VSM 描述流程的对象是需要进行核磁检测的患者，我们跟踪了其中 50 名患者的轨迹，发现从患者进入门诊直到患者完成全部检测及取药过程离开医院，平均需要 56.8 小时。而预约核磁到核磁完成的环节需要 48 小时，占整个时间的 84.5%。这在有核磁检查需求的患者就诊过程中占据非常高的时间比例。因此可以确认核磁检测环节是此类患者就诊流程中的瓶颈环节（见图 4-2）。

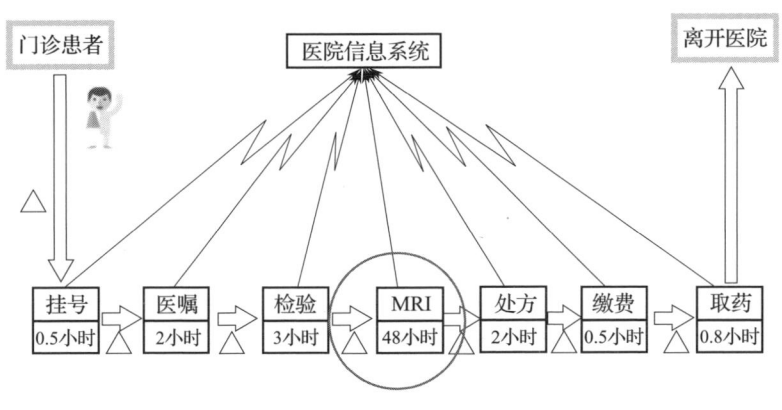

图 4-2　核磁检测患者就诊流程图

4.2.2　梳理工作流程现状

为了更准确地了解放射科 MRI 室核磁环节的过程，项目以流程梳理作为切入点，通过对预约核磁检查患者进行跟踪观察，以及对相关工作人员进行半结构访谈，详尽地将核磁患者的检查流程加以梳理和描述,从医嘱下达至诊断报告完成经历流程如图4-3所示。

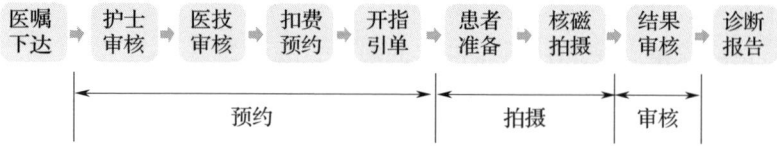

图4-3 核磁患者诊断流程图

预约、拍摄、审核环节处理能力如表4-1所示。

表4-1 MRI上下游环节处理能力

	预约	拍摄	审核
处理能力	>500人/日	≤80人/日	>200人/日

核磁拍摄过程处理能力最大为80人/日,明显低于预约和审核的处理能力,据此推断拍摄是整体过程的瓶颈。

4.2.3 聚焦关键因子

在流程研究的过程中,根据约束理论(Theory of Constraints,TOC),解决流程瓶颈有以下四种策略:

(1)确保瓶颈环节有足够的患者等待;

(2)将超出处理能力的患者进行转移,给到外部资源进行处理;

(3)保证瓶颈流程全时运转;

(4)提升设备效率,减少运行期间的差错率。

根据实际情况来看,因为目前每日预约等待人数远远超出每日可检测人数,并且核磁设备属于稀缺医疗资源,前两种策略明显不适用于当前环境。后两种策略可以进行重点关注并进行研究,这两种策略需要比照前面提及的 MRI OEE 进行数据采集、测量和深入剖析。

4.2.4 数据采集方案

首先需要了解核磁检测的检测量及全年的分布情况,可以通过 PACS 查询的方式获取数据。

其次需要了解 OEE 的相关数据,即需要了解增值运行时间和自然工作时间的水平,设备的理论可利用时间为 24 小时/日,根据 4.1.3 的介绍,我们需要测量非增值时间,包括:计划停机时间、翻台时间、非计划停机时间以及运行效率差异造成的效率损失时间。由于患者就诊过程并非完全标准的过程,与工业生产过程存在差异,因此效率损失在此次项目中暂不做研究。其他非增值时间可以记录更详细的种类步骤供分析和挖掘深层次原因。例如,翻台时间可以记录患者和医技工作人员的交互步骤、检测部位种类及时间;计划停机时间都包含哪些时间段和事项;非计划停机时间都包含哪些情况(如宕机、患者爽约等情况)和停机时间长短。

最后,对增值时间进行测量,记录相关扫描部位种类和检测时间。其间可以深层次剖析设备在检查过程都经历了哪些检测阶段。

增值时间与非增值时间因系统暂不具备记录此类时间点的功能，需要现场观测手动记录。

4.2.5 数据采集结果

在两周的时间内，获取 PACS 数据 21080 条，现场采集核磁检测数 200 次，访谈院内人员 15 人，随机访谈患者 50 人。

4.3 分析阶段

4.3.1 核磁检测体量及检测种类

将 PACS 近一年的核磁数据进行统计，一年内两台核磁设备检测总量为 21080 次。根据每月检测量进行统计观察，除 1 月和 10 月外，其他月份均处于每月近 2000 人的检测水平。经现场访谈，1 月与 10 月的检测数量偏低是因为过年及国庆假期，所以设备全年的负荷处于比较稳定的状态，且无季节性变化。这也说明核磁设备常年处于供不应求的状态（见图 4-4）。

在核磁测试种类中，有五种检测类型数量占总量的 86%，具体种类分布可参考图 4-5，主要测量部位集中于盆腔、头部、乳腺、上腹，扫描类型主要为平扫及动态增强。

第4章 影像科的精益六西格玛

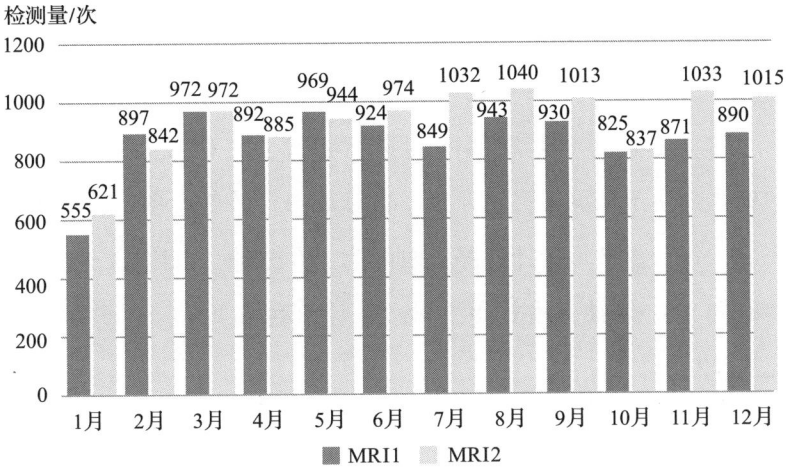

图4-4 MRI全年工作量分布图

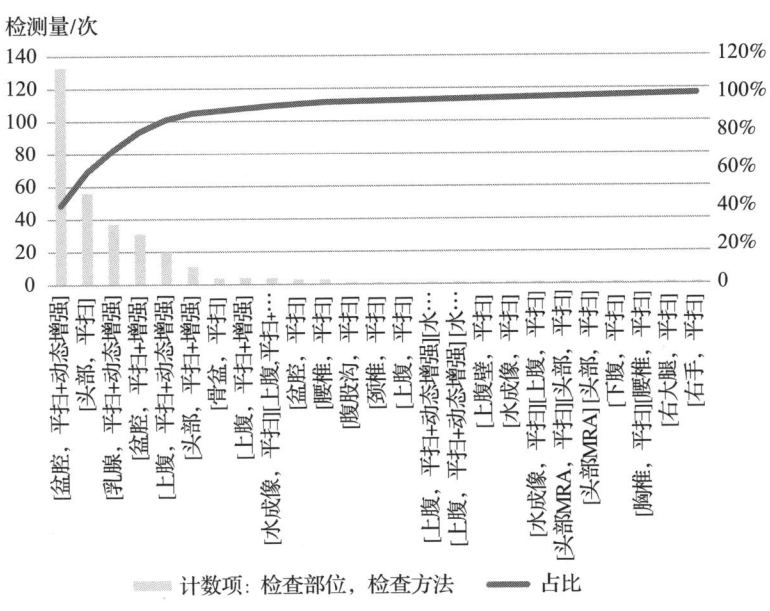

图4-5 核磁测试种类分布

117

4.3.2 OEE 指标水平

对增值时间和非增值时间进行计算,核磁设备的 OEE 为 52%,为便于计算,将统计数据折算成单台核磁设备一天的水平来看,每台设备每天计划停机时间为 480 分钟,占比 33.3%;翻台时间 120 分钟,占比 8.3%;非计划停机时间 80 分钟,占比 5.5%。

通常,增值运行时间占比 52% 的 OEE 具备可提升的空间,提升的潜力还需要对 OEE 的影响因素进行逐一的分析和原因的寻找,其中涉及四项影响因素,分别是:计划停机时间、翻台时间、非计划停机时间、增值运行时间(机器运行时长)(见图 4-6)。

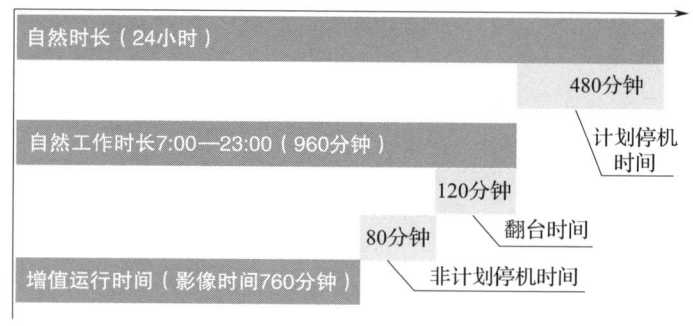

图 4-6 OEE 现状水平

$$OEE = \frac{增值运行时间}{自然时长} = 52\%$$

4.3.3　计划停机时间水平

科室采用两班倒模式，设备工作时间为 7:00—23:00。夜间为关闭模式，中间工作技师倒班吃饭，保持设备不停，因此计划停机时间为夜间 8 小时。

4.3.4　翻台时间水平

根据目前观测检测案例，对 86% 占比的测试种类翻台时间进行统计，翻台的平均水平如图 4-7 所示。

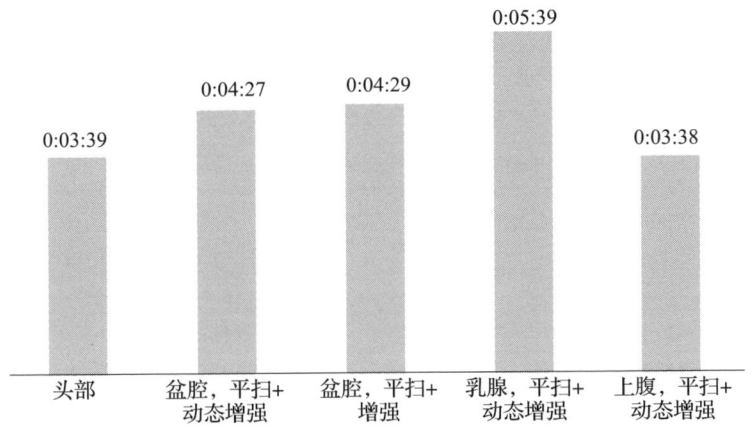

图 4-7　常见检查种类翻台时间（一）

对现场观测翻台步骤进行统计，常规翻台动作分为 7 个步骤，理论完成时间大约 2.2 分钟（见图 4-8）。其中理论完成时间为每个步骤熟练操作且步骤间流畅衔接，与实际翻台时间存在 1~3 分钟的差异。因此在日常翻台的过程中，存在不稳定因素导致翻台的工作时间延长。

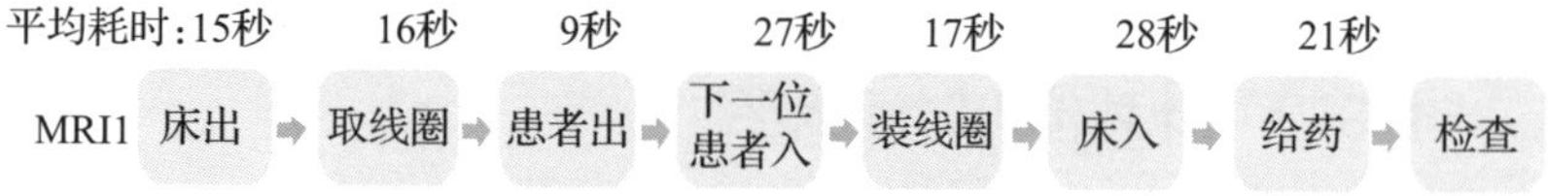

平均耗时:15秒　16秒　9秒　27秒　17秒　28秒　21秒

MRI1 → 床出 → 取线圈 → 患者出 → 下一位患者入 → 装线圈 → 床入 → 给药 → 检查

图 4-8　常见检查种类翻台时间（二）

经过现场调研发现影响翻台效率的因素有很多，可以将其分为以下三类。

第一类是翻台过程中存在非正常情况导致翻台流程中断，如：患者没有按照要求做检测前准备，医生医嘱需求与常规检查需求不符，翻台过程中发现有过敏反应等，这些可归为设备非计划停机时间。经过对医技人员的访谈和现场翻台过程的调研，有10类较为典型的情况会导致翻台过程的延误（见表 4-2）。

表 4-2　患者原因导致翻台时间延长的现象

影响因素	影响影像种类	MRI 发生概率	延误时间 & 处理类别
佩戴假牙	头部	5.0%	1~5 分钟摘除继续执行
外伤	全部	2.0%	<1分钟询问之后继续执行
衣服上含金属	全部	1.0%	<2分钟脱相应衣着继续执行
节育环	盆腔	1.0%	1~5 分钟发现时间 + 切换下一位患者
清肠未达标准	盆腔	2.0%	1~5 分钟发现时间 + 切换下一位患者
申请单需求与标准不同导致确认	全部	2.0%	沟通 3~5 分钟确认
完全不知须知执行	全部	40.0%	1~5 分钟不等或切换下一位患者
幽闭恐惧症	全部	0.1%	1~5 分钟发现时间 + 切换下一位患者
呼吸训练患者执行困难	上腹	10.0%	1~2 分钟
身体颤动	全部	10.0%	<1 分钟

第二类是在翻台操作流程中,由于翻台过程为医技人员与患者配合进行,每个环节操作时间会有不同程度的延长。其中,仅设备运行的环节基本不会出现延长现象,如床入、床出环节。而与患者相关程度较高的环节,延长的可能性将会增加,延长时长根据患者的年龄、信息接收通畅度、是否有患者家属陪同等因素而各有不同。

第三类是由于科室交接班和工作安排,导致医技人员临时减少,而使翻台的过程全部由一位医技人员进行(正常安排为一位医技人员与患者对接信息、辅助患者上下台,另一位在观察室进行设备准备操作),尤其在交接班过程中出现单人对接患者的情况尤为明显。

4.3.5 非计划停机时间

非计划停机时间是指在设备使用过程中临时出现导致设备无法处于增值运行状态的时间,核磁非计划停机时间出现相对较少,根据访谈和现场观测,它由两种典型情况所致。

第一种是设备会偶发宕机现象,日均出现一次宕机,每次宕机恢复至正常状态大概需要 5~10 分钟。经过原因调查,因为设备处于长时间不停运作的状态,设备部分模块温度较高,且设备环境温度不能完全达到其使用要求所致。

第二种是患者出现爽约或者不能按时到场的情况,并且没有提前告知医技人员,因为核磁设备以按时间点预约提供检测的方式为患者进行服务，这种情况的发生经常会为医技人员带来困扰。根据医技人员反馈，平均每天都会有1~2名患者出现此类现象，这可能会导致医技人员因寻找患者或者临时变更安排而造成设备停滞，通常延误0~15分钟不等。

4.3.6 增值运行时间

增值运行时间是指设备正常进行检测和分析的时间。核磁设备成像的过程是将人体检测部位分割成不同序列进行图像采集的过程，图像采集每一个序列都会消耗一定的时间，每个检测部位的序列采集数量和种类由医技人员提前进行设定。因此每种核磁检测的时间消耗相对固定。

核磁影响的序列设定业内目前只有大致的原则，但具体数量和种类方面并无较高的标准化程度。医生根据部分序列的影响即可为患者诊断确认。因此，核磁采集的所有序列都能为医生诊断或者患者提供价值吗？

可以提出三个问题：

（1）所有序列是否都有助于医生判断病情？

（2）是否存在去除部分不被关注的序列的可能性？

（3）是否可以通过其他方式在序列完成前确定其继续检查？

与业内专家的讨论证实了我们的猜测是正确的，诊断的依据并非来自所有检查的序列，当前核磁检测中采集序列的影像并非全都具备诊断价值。因此在后续改进过程中，可以进行减少部分序列的尝试，以缩短核磁设备在单个患者的成像时间。不过由于此种想法专业性强，且对于诊断结果的影响不明，对于患者的诊断准确程度可能存在影响和风险，需要进行专业论证。经过与专家的深入讨论，此项改进可以作为一个探索的改进方向进行研究，距离全面落地还有很长的路要走。

4.4 改进阶段

4.4.1 精益改进范围确认

通过对两台核磁设备 OEE 指标的统计测量，检测流程和问题点分析，我们认为 OEE 具备提升的潜力。为利用现有资源增加核磁检测患者数量，科室决定采用精益六西格玛的改进方法，优化全科资源配置，解决当前问题点，将 OEE 加入科室运营管理指标，标准化现有流程，提升内外部客户满意度，提高科室管理水平。

本次精益改进范围经科室主管商讨，决定选取 MRI1 为改进示范点，利用精益改进周的方法率先进行精益改进。

4.4.2 精益改进方案

4.4.2.1 精益改进路径

本次精益改进项目从精益改进周的角度出发，沿用六西格玛 DMAIC 路径。经过前期的定义、测量和分析阶段，数据及论证方法符合事实，因此在改进阶段，决定采用改进周的方式进行推动。改进周主要以宣导、培训和改进落地任务为主。如验证成功后，可进入控制阶段。

4.4.2.2 精益改进周

本次改进周设立实验试点 MRI1 设备，经科内商议核磁设备工作排班方式不变，计划为期一周，成立 10 人的改进小组，包含项目负责人、设备专家、一线医技人员、咨询顾问。

4.4.3 精益改进方案实施

改进方案实施是验证测量和分析成果的必经之路，也是由理论转化为实践的必要途径。经科内商定，设立改进周行动实施计划如下。

周一完成会议宣导、改进周计划、培训、改进目标、协作方式、改进前数据采集等事项。当天组建起科内精益团队，通过培训的方式使小组成员理解精益思想，并明确改进周计划，使小组成员充分了解现状和改进潜力。

周二制定改进方案。通过改进前数据收集和明确的问题点思考改进方案，包含标准化翻台流程、患者服务流程及话术培训、5S 及目视化管理设备间、设立提前为患者准备充分的人员、制定交接班人力衔接规则、设立爽约患者出现的应急替代方案、安装空调改进设备室内运行环境、设立核磁影像现场判别岗位等措施进行试运行。设立改进标准原则并准备相应的改进资源。

周三进行改进方法落地及后续方法训练。将周二改进方案中的变更规则进行提前模拟，环境和硬件需要调整的进行现场实施工作，并准备好改进后的数据收集表。

周四进行改进后运行及数据监测采集。

周五进行改进数据分析、结果通报及会议总结。

4.4.4 改进点汇总

4.4.4.1 5S 及目视化管理

改进周小组按照 5S 管理的思想，首先使用红牌作战的方式清理 MRI 设备室和观察室内无用的物品，并将设备室和观察室物品按照使用频次、功能区分等进行分类摆放，对科室现场进行污物清扫，设备进行清洁擦拭，达到洁净无死角的清扫目标。此外还增加了地面标识指引患者，并对不同功能区域进行区分和警示，张贴核磁检查的宣传看板和事前准备事项说明文档。5S 及目视化管理，使物品用后归位，避免寻找，有效减少了翻台过程出现延误的情况。同时也对患者提供了核磁教育的作用。

4.4.4.2 保证排队患者准备充分改进方案

为了减少在翻台过程中可能发生因患者自身原因导致检查取消或者翻台时间延长，科室在排队处设置提前为患者准备的岗位，在前一名患者检查的过程中，由一名医技人员提前进行信息确认，明确了核磁检测前置患者检查的标准作业规范，以及禁止携带物品清单（见图 4-9），并进行了相应培训。

规范编码		工位内容	核磁检测前置患者检查	使用设备		检查前 检查后	∨	版次	A	序号 页码	1 P2
工作人数	1人					典型物品图片参照表：					

不符合核磁检查前要求处理意见：

1. 摘除即可执行检查：

可摘除类假牙	青药	助听器		无				手机		钥匙		制作
外置金属物品	手机、硬币、金属头、皮带等							硬币		节育器		
								假牙		助听器		

2. 拒绝检查：

| 金属节育环 | 未扎针（需造影剂类） | | | | | | | | | 审核 | | |
| | （清肠时间未达要求 下腹） | | | | | | | | | | | |

3. 依据实际情况判断：

心脏起搏器	金属夹											
过敏史	哮喘	怀孕										
动脉肿瘤手术	肾功能不全	肺气肿										
外伤	申请单需求与检测标准不同：需通知技师与医生沟通	幽闭恐惧症										

图4-9 MRI检测前禁止携带物品清单

在全天实验过程中，无一例因患者原因导致翻台时间延长的情况出现。与改进前相比，改进效果明显。

4.4.4.3 标准化翻台流程和话术培训

目的是减少在翻台过程中由于医技人员与患者对接不畅导致的时间大幅延长的情况发生。因为翻台是一个医技人员与患者及家属紧密配合的过程，医技人员与患者的沟通也是翻台过程中的重要一环，科室选择一位经验丰富且实际测量相对熟练的医技人员进行试验，并且根据他详细的作业步骤和方法，设立了标准作业规范以及话术要求，并对其他医技人员进行相应的分享和培训。如此改进之后，翻台的时间相对趋于稳定。

4.4.4.4 制定交接班人力衔接规则

为减少在交接班过程中因人力不足导致翻台时间延长，设立了确保至少两名医技人员同时在岗的要求，并写入科内交接班制度细则，在实验过程中确保两名医技人员同时在场进行工作。在改进周实验过程中，按照此原则要求进行后，交接班期间的翻台保持了与正常情况下同样的效率。

4.4.4.5 设立爽约患者应急替代方案

为应对当天的爽约患者，科内研究决定，设立提前确认患者到达信息的要求。具体做法是提前半个班确认预约患者能否按时到达医院进行核磁检测，若无法到达，则对出现空档的时间段安排协调其他患者进行补缺，住院患者优先。临时出现无法到达或者延迟到达的情况，调整合适的日常等待人数，医技人员可紧急协调已在等待区等待的患者进行核磁检查，尽量保证设备处于将空闲状态。

4.4.4.6 改进设备室内运行环境

对于偶发出现的设备宕机情况，科内将采取增加空调设备的方式，将设备运行环境调整至相应的要求。由于空调设备安装需要一定的审批采购周期，因此在改进周内暂无法确认实际效果，但将在控制阶段进行追踪落实。

4.4.5 改进成果

经过改进周改进措施的试行，以及改进后数据采集和分析，OEE 增长约为 5%，MRI1 设备每日可以多检查 4~7 名患者。据此推断，两台核磁设备年检验能力增量 3500 人以上。

改进周的最后一天，科室领导对于改进小组的努力给予了充分的肯定，并进行了相应的表彰，同时也提出将改进方法进行落实，加入科室日常的管理规章制度。

此次改进周活动对于全科引入精益六西格玛的改进思想，并将理论付诸实践，取得了切实成果。此举不仅提升了放射科关键绩效指标，提振了科室士气，提升了科室运营管理的水平，并且能够为更多的患者进行核磁检查服务。

4.5 控制阶段

改进周虽然结束了，但其实只是另一个开始，改进周所实施的改进实验仅仅是改进建议的一部分，且只是改进方法短期落实的体现，要想精益六西格玛的思想持续在科室内发挥作用，正确改进方法的长期坚持和持续迭代是离不开的。时间是打败改进努力的顽强敌人。因此，科室将改进周的改进方法写入管理制度，定期进行培训和宣导，并结合日常经验，将细则和具体实施意见进行调整和完善。放射科为长期保持改进成果，在控制阶段将以下三点进行落实。

（1）成功改进方法科室制度落实

科室将改进周期间 5S 及目视化管理、保证排队患者准备充分改进方案、标准化翻台流程、交接班人力衔接规则、爽约患者应急替代方案，写入科室管理制度和细则，落实到文件中，供全科人员进行学习和查看，并促使改进小组成员对其他未参与成员进行指导和培训。与此同时，对于需要长期执行的工作方法设立了检查制度，定期落实，保证新增制度落实到位，取得应有的效果。

（2）待验证方法持续探索

此次改进周有两项改进建议不具备及时验证条件：第一项是空调设备安装，科室将此事项进度列入紧急待办事项，并实时跟进相关进度；第二项是对于检测序列调整进行探索。

（3）激励持续改进措施

改进并非专业人士的专利，同样也是一线工作人员具备的能力，而且通常他们发现的问题更具体、更实际。发动全员提出问题，思考改进建议是一个科室管理水平的重要体现。如何激发全体员工进行持续改进是一个非常值得思考的问题。首先需要营造一个良好开放的问题反馈环境和氛围，建立问题反馈机制，将大家在工作中遇到的问题和困难显现出来，让科室的领导者看到。然后对提出的问题进行评定和筛选，将科室的资源分配到重要且具有价值的问题上，并且发动全员进行思考和改进实践。最后，对于成功解决问题的员工进行表彰和奖励，并建立奖励制度，形成良好的闭环。

4.6 本章小结

虽然科室提供检测的能力提高了，可以为更多的患者提供服务，但是患者核磁需求的增加与 MRI 资源的不足仍然是当前影像科室面临的主要矛盾。关于如何充分利用 MRI 资源还有很多问题等待我们去探索。

第 5 章

护理部的精益六西格玛

护理部是医院护理工作的指挥中心，与临床医疗工作有着密不可分的关系，肩负着全院护理工作的开展任务。护理部人员基数大，服务科室众多，因此人员的职能划分及人力资源配置对于整个医院的医疗服务质量起着至关重要的作用。在本案例中，通过测量护士人员负荷效率的方法评估当前人力成本及资源配置现状，以期达到合理配置资源、降低人力成本、提升工作效率的目的。

5.1 定义阶段

5.1.1 项目背景

A 医院是一所大型综合性三级甲等医院，成立于 20 世纪初。多年来，A 医院一直奉行"以患者为中心"的服务宗旨，医院本部编制床位 2249 张，现有职工 4350 人。

A 医院护理部现有护士 1800 人，2011 年 A 医院被卫生部确定为护士岗位管理试点医院，2013 年经梳理全院护理岗位 423 个，通过岗位评价，确定了全院各科室护理岗位的劳动价值系数。

护理部作为以患者为中心、为患者提供优质护理服务的重要部门，在医院担负着重要任务，服务于医院的血液内科、胰腺外科、呼吸内科、介入科、肠胃外科等 25 个科室。由于护理部人员基数大、服务科室众多，因此合理布置人力资源、细分岗位责任、量化护理工作便成了护理部至关重要的任务。

5.1.2 客户需求分析

院方综合评估认为，护理部现有护理人员基数较大，护理人员的管理、培训、分配、考核等综合成本略高于行业平均水平，需要在此基础上进行合理的人力资源配置，对护理人员的工作量进行量化评估，科学地呈现护理人员工作量现状及工作负荷情况，以便综合了解护理人员与各个科室之间的匹配合理性和有效性，并且当未来有新员工加入时，可以快速判断各科室人力配置紧缺状况和可调度状况，将新员工进行合理分配，从而达到降低未来潜在人力资源投入的目的。

5.1.3 确定项目测量指标

工作量是评估和测算人力资源配置现状是否合理的重要依据，为了更加准确地对该医院护理部人力资源配置状况进行调研，我们向院方提出了以下两种评估方案。

方案一：计算各个科室的床护比。

$$床护比 = \frac{患者数 \times 每名患者所需要的护理时间}{每名护理人员的自然工时}$$

方案二：计算护士的负荷效率。经院方讨论，为了解护理部工作人员的实际负荷效率、工作流程和工作项目，最终决定采用方案二，用计算工作负荷的方法来评估人力资源配置现状。

定义评估指标为护士负荷效率（Overall Nurse Efficiency, ONE）：

$$ONE = \frac{护理人员实际工作时间}{护理人员的自然工时}$$

根据本次研究中对护理部工作量的观测，我们发现在护理人员的所有工作项目中，"等待"和"个人事项"两项工作内容不属于护理人员的实际工作范畴，且对患者和医院不产生任何价值以及辅助作用，因此针对本次研究的护士负荷效率为：

$$ONE = \frac{观测者统计次数 - (等待次数 + 个人事项次数)}{观测者统计次数}$$

5.1.4 组建项目团队

A医院护理部精益改进项目在定义阶段中，项目范围是确定的4个科室的相关护理人员，项目主题是利用精益思想改进工作流程中的不合理现象，项目目标是使示范点的ONE降低8%，此外，项目团队采用1/3、1/3、1/3原则，即1/3本部门成员，1/3相关部门成员，1/3其他部门成员，每组6~8人。

5.2 测量阶段

5.2.1 梳理工作流程现状

为了更准确地了解护理部管理现状，项目以流程梳理作为切入点，通过对护理部人员工作流程现状进行观察跟踪，以及对相关工作人员进行半结构访谈，详尽地将护理人员全天的工作流程加以梳理和描述，最终确认护理人员全天工作流程分为两部分，分别以上午（见图5-1）和下午（见图5-2）两个主流程进行梳理分析。

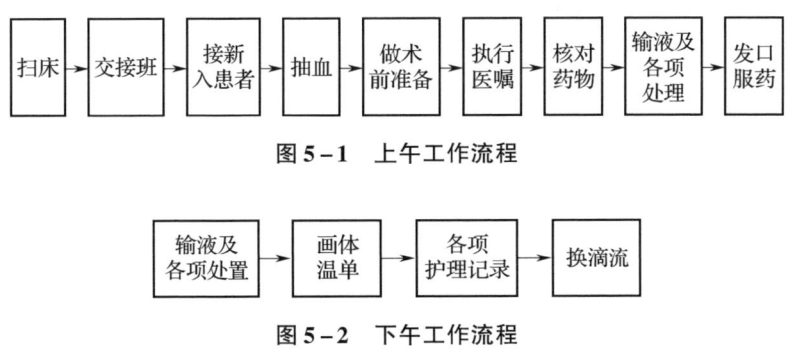

图5-1　上午工作流程

图5-2　下午工作流程

通过对护理部工作主流程进行观察和梳理，发现流程中操作较多，且步骤烦琐连贯性较差，这就导致出现的子流程较多，在一个流程下涉及的工作人员配置及配比不合理，难以呈现该医院护理部工作人员的实际工作内容分配、岗位职责以及具体工作量。

5.2.2 人力资源配置现状分析

护理部承担了全院 25 个科室的护理工作,因此科室的护理人力配比显得尤为重要。现阶段该医院护理部的科室人力配比方式是由负责各科室的护理人员根据工作状况自下而上汇报工作量概况,再由护士长根据各科室的工作量上报情况进行人力配置。此种人力配比方式更多地偏向经验管理,缺乏具体的工作量数据支撑以及人员工作负荷作为参考,不能满足每个科室的实际需求,从而导致各个科室人力配置不合理,忙闲不均且 ONE 较大,还在一定程度上增加了管理成本。

5.2.3 人员工作量数据采集

工作量采集方案

护理部服务的科室众多,为了能快速地获得工作量现状概况,以确认本研究的必要性和可行性,本次工作量采集应院方要求,首先选取血液内科和胰腺外科两个科室作为试点科室进行优先数据采集,亦方便作为对照呈现试点采集结果。

根据两个科室的人力资源配置现状,本次试点数据采集选取分层抽样的方法,以护理人员作为观察对象,根据分层抽样原则,计算得出分别从两个科室抽取 5 名护士进行跟踪观察,考虑到在设计、资料收集或分析时容易出现信息偏移的情况,本次观察采用单盲法,不告知研究对象,以保证研究结果更加真实可靠，本次观察重复三天，全天不间断采样，考虑到观测不能影响护士的正常工作，每隔 5 分钟进行一次观察并对护士操作进行记录，并且满足观察者对同一科室相互交换观察，以及同一科室不同工作组交互观察，设置共计 900 个测试点，从而获取最终数据，工作项目如表 5-1 所示。

表 5-1 护理人员工作项目表

序号	项目名称	序号	项目名称	序号	项目名称
1	床位整理	10	执行医嘱	19	搬床
2	科室早会	11	出入院	20	其他病患相关
3	护士早会	12	记录	21	移动
4	床头交接	13	宣教	22	内部沟通
5	准备注射	14	术前准备	23	等待
6	注射	15	物品相关	24	其他工作相关
7	体征测试	16	接送术患	25	个人事项
8	采标本	17	核费	26	其他病患沟通
9	雾化	18	发药	27	异常记录

表 5-1 中的项目名称均通过该医院护理部护士长的定义确认，具有真实性和可靠性，能反映护理人员工作中的实际操作情况。

结合精益增值和非增值的思想，为了更贴近医院的实际情况，将上述 27 项护理人员工作项目划分为增值、运营增值和闲置三类，具体分类如表 5-2 所示。

表 5-2 护理人员工作项目分类

项目类别	增值	运营增值	闲置
项目名称	宣教 发药 雾化 注射 出入院 采标本 体征测试 床头交接 执行医嘱 术前准备 物品相关 床位整理 其他病患相关 其他病患沟通 其他工作相关	移动 核费 搬床 记录 护士早会 科室早会 准备注射 接送术患 异常记录 内部沟通	等待 个人事项

5.3 分析阶段

5.3.1 试点科室工作量现状评估及分析

5.3.1.1 血液内科

通过对血液内科的 5 名护士进行为期 3 天的跟踪观察,得出工作量数据以及本组数据的观测次数、单项占比的分析汇总,如表 5-3 所示。

表 5-3 血液内科工作量采集结果

项目名称	次数	占比	项目名称	次数	占比	项目名称	次数	占比
床位整理	20	2.21%	执行医嘱	87	9.62%	搬床	0	0
科室早会	24	2.65%	出入院	16	1.77%	其他病患相关	3	0.33%
护士早会	3	0.33%	记录	50	5.53%	移动	93	10.29%
床头交接	30	3.32%	宣教	2	0.22%	内部沟通	49	5.42%
准备注射	157	17.37%	术前准备	3	0.33%	等待	111	12.28%
注射	108	11.95%	物品相关	3	0.33%	其他工作相关	12	1.33%
体征测试	14	1.55%	接送术患	0	0	个人事项	45	4.98%
采标本	16	1.77%	核费	42	4.65%	其他病患沟通	6	0.66%
雾化	4	0.44%	发药	3	0.33%	异常记录	3	0.33%

从精益思想的角度对护士工作项目进行分析可知，其中执行医嘱、注射、床头交接、床位整理、采标本、出入院、体征测试、其他病患相关、其他病患沟通、其他工作相关等工作内容属于增值活动，占比34.51%；科室早会、核费、内部沟通、记录、准备注射、移动等工作内容属于运营增值活动，占比45.91%；个人事项、等待工作内容属于闲置，占比17.26%。

护士工作项目较多，基于"二八原则"，占用80%时间的工作内容将作为重点关注的项目，通过SPSS17.0得出瀑布图，如图5-3所示。

由图5-3可知，血液内科护士的工作项目占据前80%的分别为以下几项：准备注射、等待、注射、移动、执行医嘱、记录、内部沟通、个人事项、核费。该9项工作内容累计占比82.09%，而等待、个人事项等闲置活动占比17.26%。由此可见，护理人员尽

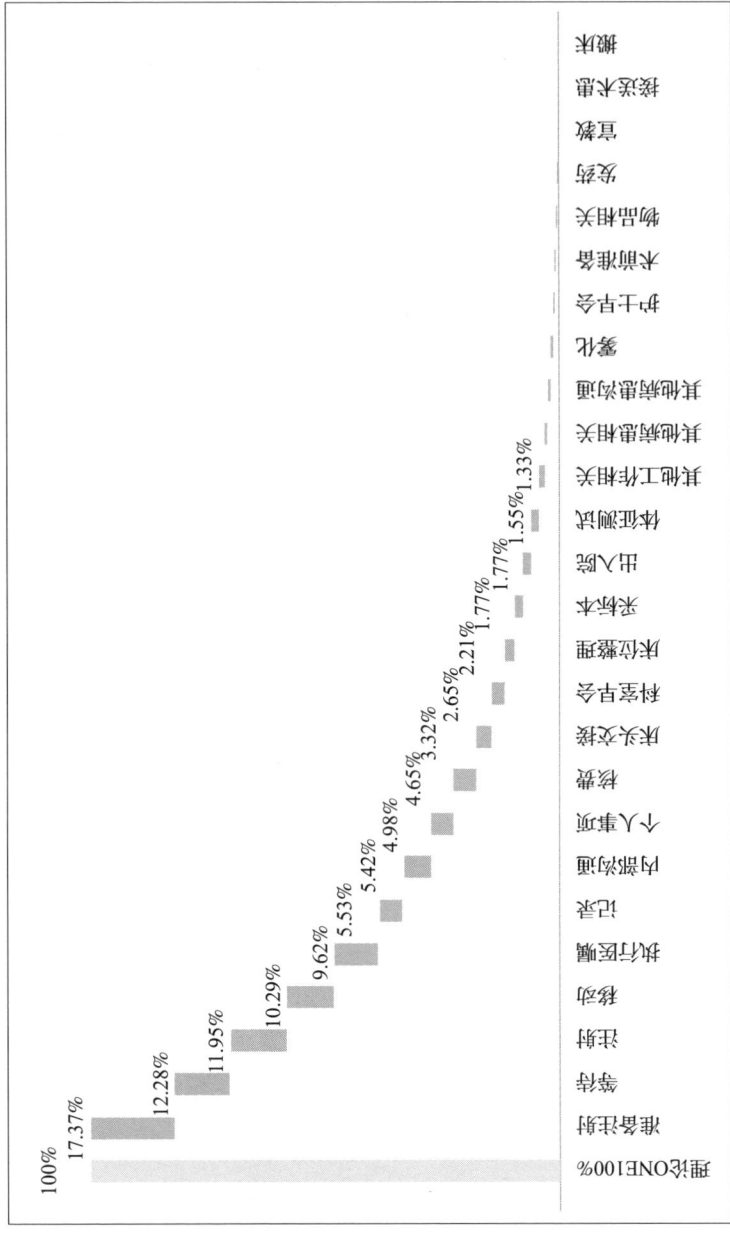

图5-3 血液内科工作项目瀑布图

管工作量较大,但其大部分工作中真正服务于患者,对患者产生价值并且患者愿意为此买单的活动较少。

5.3.1.2 胰腺外科

同样地,通过对胰腺外科的 5 名护士进行为期 3 天的跟踪观察,得出工作量数据并对本组数据的观测次数、单项占比的分析汇总,如表 5-4 所示。

表 5-4 胰腺外科工作量采集结果

项目名称	次数	占比	项目名称	次数	占比	项目名称	次数	占比
床位整理	7	0.77%	执行医嘱	130	14.24%	搬床	7	0.77%
科室早会	22	2.41%	出入院	12	1.31%	其他病患相关	21	2.3%
护士早会	22	2.41%	记录	82	8.98%	移动	97	10.62%
床头交接	54	5.91%	宣教	2	0.22%	内部沟通	14	1.53%
准备注射	58	6.35%	术前准备	7	0.77%	等待	61	6.68%
注射	126	13.8%	物品相关	1	0.11%	其他工作相关	16	1.75%
体征测试	36	3.94%	接送术患	4	0.44%	个人事项	18	1.97%
采标本	7	0.77%	核费	84	9.2%	其他病患沟通	15	1.64%
雾化	2	0.22%	发药	3	0.33%	异常记录	3	0.33%

根据胰腺外科的工作项目统计可知,其中增值活动占比 48.31%;运营增值活动占比 43.04%;个人事项、等待工作内容属于闲置,占比 8.65%,可见胰腺外科增值活动占比仍然较小。

在胰腺外科的工作项目中,占据前 80% 的工作项目主要包括：执行医嘱、注射、移动、核费、记录、等待、准备注射、床头交接、体征测试、科室早会等。

5.3.2 试点科室问题点总结

综合比较血液内科和胰腺外科两个科室，从工作流程和内容上考虑归纳为增值、运营增值和闲置（即精益中的非增值或浪费），两个科室的对比如表 5-5 和图 5-4 所示。

表 5-5 试点科室人力资源配置分析表

科室	项目		
	增值	运营增值	闲置
血液内科	36.17%	46.57%	17.26%
胰腺外科	48.31%	43.04%	8.65%

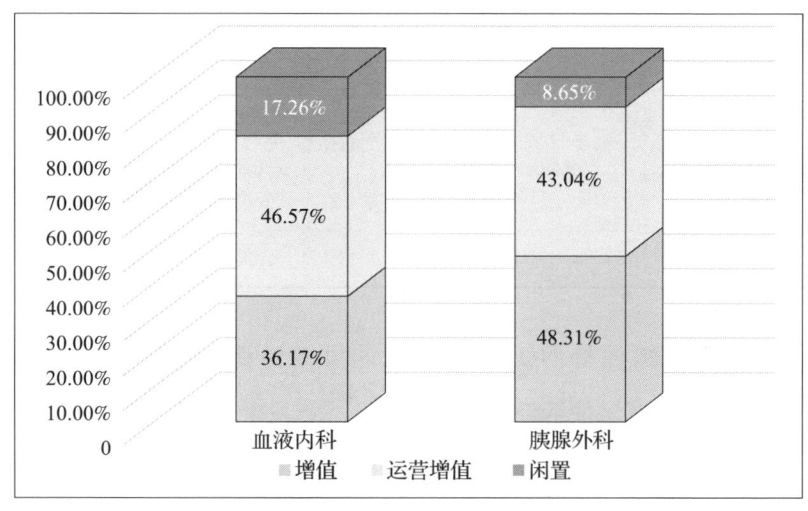

图 5-4 血液内科和胰腺外科对比

由两个试点科室对比可知,血液内科的运营增值占比较高,胰腺外科的增值占比略高于运营增值占比,科室之间差异明显,其中"记录"项目属于运营增值,护理人员在记录过程中经常出现部分内容与"执行医嘱"重复,填写效率较低,属于闲置;"准备注射"项目属于运营增值,护理人员在进行注射前耗费大量的时间进行物品准备,这说明前期的物品准备未实现标准配套,使得每次注射时都需要在不同的地方找不同的药品,从而耗费大量的时间;"核费"项目属于运营增值,经观察发现,护理人员的核费流程繁杂冗余,效率不高且易造成某些环节的遗漏;"移动"项目属于闲置,移动是精益七大浪费中典型的一种浪费,人员移动过多不但会造成流程效率低下,还可能使人员的体力负荷大大增加,疲劳感提升,影响工作转台;"内部沟通"属于运营增值,血液内科的内部沟通占比达到5%以上,过多的反复沟通现象较多,这说明同一问题或现象未归纳成统一的解决标准,才会导致不同的人员碰到相同的问题时,仍然需要不断的沟通获取答案或结果。

5.3.3 全科室工作量采集及现状分析

经过血液内科和胰腺外科的试点数据采集,发现护理人员的工作量较大且其中增值部分较少,而大部分活动操作都是非增值的,护理人员在工作流程中也存在诸多问题,这些都违背了精益管理的思想,因此院方认为进行全科室数据调研有很大的必要性和可行性，于是决定对25个科室的护理人员进行工作量跟踪采集，以便更加全面地反映护理部工作量现状以及人力资源配置现状。根据同样的数据采集方法，得到25个科室的护理人员工作现状总框，可见图5-5 全科室增值占比、图5-6 全科室运营增值占比、图5-7 全科室闲置占比。

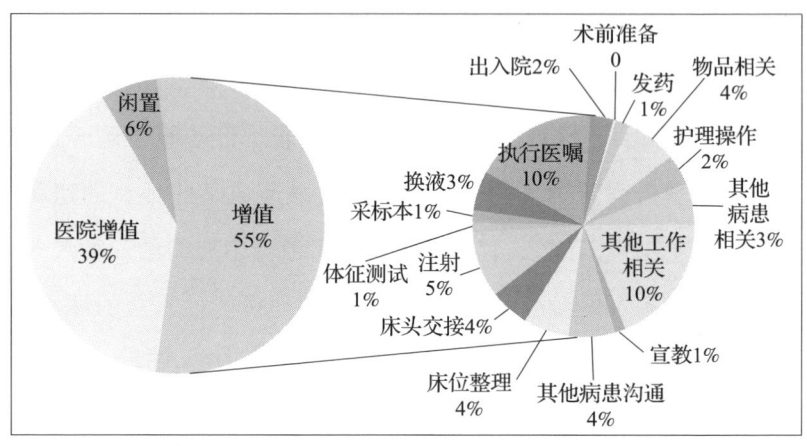

图5-5　全科室增值占比

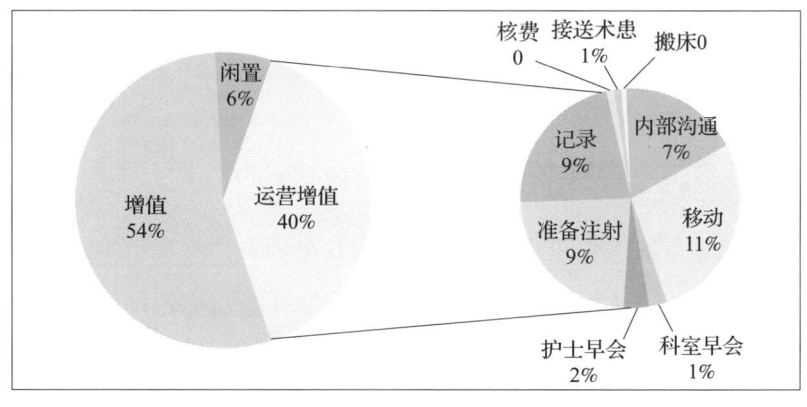

图5-6　全科室运营增值占比

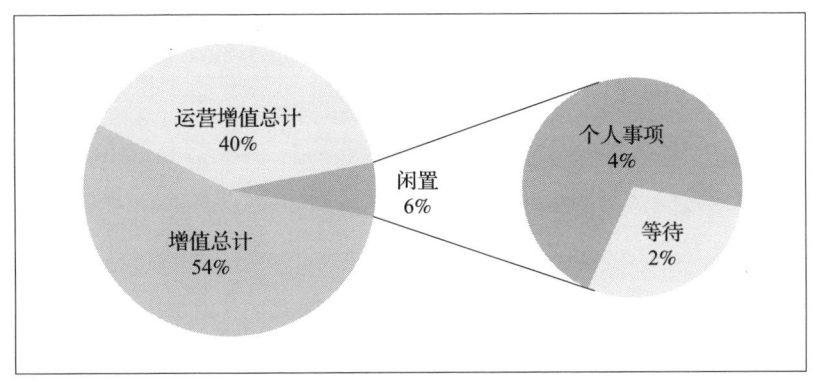

图 5-7　全科室闲置占比

由图 5-5 可知，25 个科室护士的工作量统计数据显示的增值部分占比 55%，其中"执行医嘱"和"其他工作相关"两项工作内容分别占比 10%，是增值项目中占比最大的，也是护理人员在增值活动中投入时间和精力最多的项目；"注射""床位整理""物品相关"和"其他病患沟通"四项工作次之，占比均在 4%~5% 之间，这些项目内容都是直接作用于患者，并且对患者产生价值的，因此占比越大越有益。

由图 5-6 可知，25 个科室护士工作量统计数据显示的运营增值部分（即医院增值部分）占比为 40%，该部分项目工作虽然不能直接为客户带来价值，但却对支持工作以及配合患者就医过程起到了重要作用，从医院整体角度来说具备辅助性质，其中"移动""准备注射""记录"和"内部沟通"四项工作内容占比较大，均在 7%~11% 之间。尽管"移动"在一定程度上辅助了患者就医，但移动较多仍然会降低时间效率以及增加人员疲劳程度,这有可能是流程不合理或者布局不合理等原因造成的;而"科室早会""护士早会"和"接送术患"三项工作均占比较小。

由图5-7可知,25个科室护士工作量统计显示闲置部分占比6%,闲置活动仅有"个人事项"和"等待"两项,其中"个人事项"占比4%,"等待"占比2%,这两项工作内容对患者和医院来说是完全不创造价值的。

5.3.4 试点护理人员工作负荷现状评估

首先根据两个试点科室的工作量现状,分别计算血液内科和胰腺外科两个科室的护士负荷效率,可以得到:

$$ONE_{血液内科} = 82.7\%$$

$$ONE_{胰腺外科} = 91.3\%$$

对两个试点科室用SPSS17.0进行统计学分析(见表5-6),说明两个试点科室的护理人员配置的不同造成了护理人员的负荷程度差异。

表5-6 统计分析表

	血液内科	胰腺外科
样本总数	904	913
ONE	82.7%	91.3%
P 值	0.009	

5.3.5 人力资源配置现状

经过访谈护理部护士长以及两个科室的 10 位护士,最终确认设定护理部人员负荷上限为 90%（参考院内规定以及护理部工作常态）,可以对两个科室的人力资源配置现状进行分析（见表 5-7）。

表 5-7 试点科室人力资源配置现状分析表

	血液内科	胰腺外科
护士数量	29	23
ONE	82.7%	91.3%
负荷上限	90%	90%
理论所需护士人力	26.1	20.7
实际所需护士人力	24.7	21
人力 GAP	-1.4	0.3

由表 5-7 可知,血液内科现有护士 29 名,根据定义的 90% 负荷上限可以得出,该科室理论所需的人力为 $29 \times 90\% = 26.1$,实际只需要 $29 \times 82.7\% = 24.7$ 个人力,因此血液内科现有人力配置多余 1.4 个人力。胰腺外科的 ONE 现状为 91.3%,经计算得到理论需要的护士人力为 $23 \times 90\% = 20.7$,实际上需要 $23 \times 91.3\% = 21$ 个人力,因此胰腺外科的人力资源配置现状短缺 0.3 个人力。

5.3.6 全科室护理人员工作负荷及人力资源现状评估

经过两个试点科室的人力资源配置评估,发现不同科室的护理人员负荷程度差异较大,因此着眼于全科室,对现有的 25 个科室进行整体负荷效率评估,得到 25 个科室的负荷效率对比（见图 5-8）。

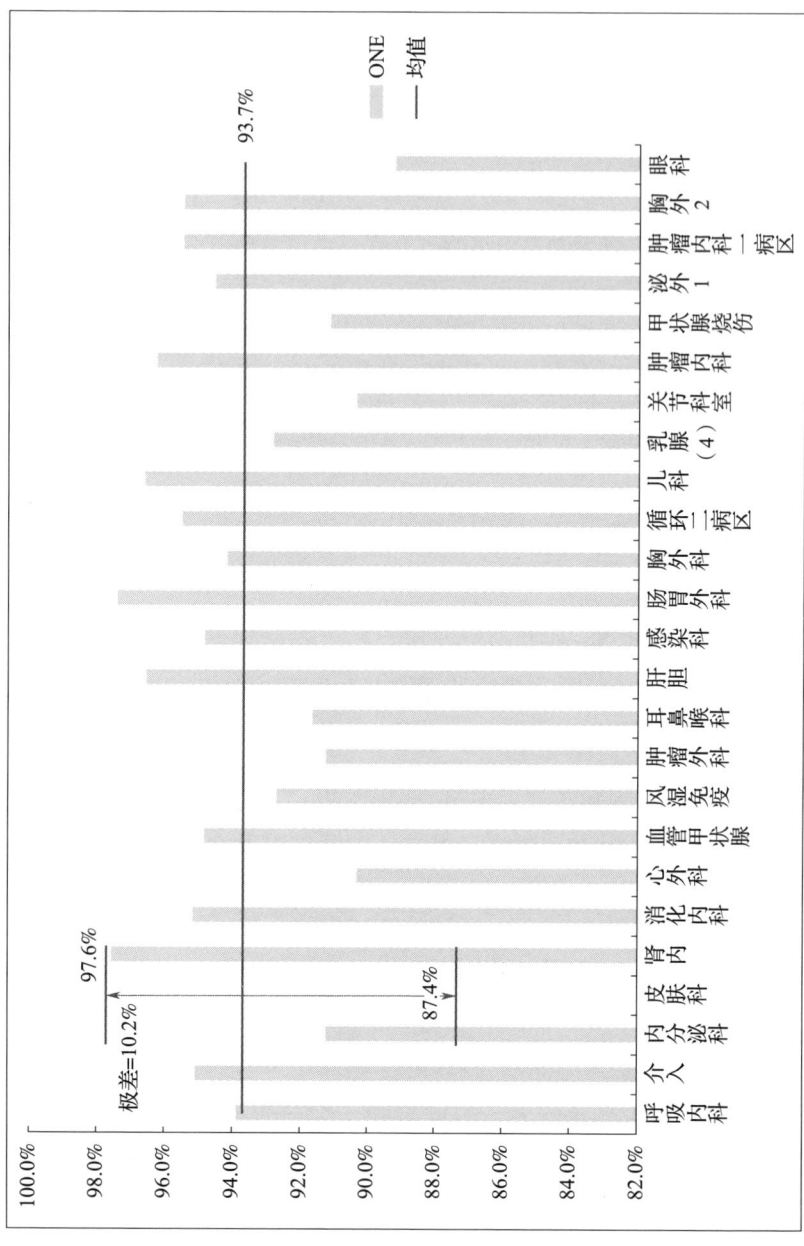

图5-8 25个科室护理人员负荷效率对比

由图 5-8 可知，25 个科室的护理人员 ONE 各不相同，负荷效率最高的是肾内科，其 ONE = 97.6%，负荷效率最低的是皮肤科，其 ONE = 87.4%，全科室的负荷效率极差达到 10.2%，平均负荷效率达到 93.7%。负荷效率在平均值以下的仅有内分泌科、皮肤科、心外科、风湿免疫科、肿瘤外科、耳鼻喉科、乳腺、关节科室、甲状腺烧伤、眼科 10 个科室，剩余的 15 个科室护理人员全部处于超负荷工作状态，这说明不同科室的护理人员负荷状况存在非常大的差异，并且护理人员整体的负荷较大，反映了人力资源配置现状较为不均衡。不同的科室由于其工作量、工作内容、工作流程等多方面差异，使得所需要的护理人员数量不同，因此，不同的科室需要根据工作量现状、护士负荷效率等多方面考量进行人力资源配置优化以及工作流程优化，科学地做出调整和调配。

5.4 改进阶段

5.4.1 精益改进范围确认

通过对全科室护理人员的工作量测评以及人员负荷效率的评估，可以发现当前大部分科室的护理人员均处在工作量较大且负荷效率较高的水平，因此采用精益思想的方法，在工作流程以及人员操作等层面挖掘日常问题，并对其进行分析和改进，以便在一定程度上降低人员工作负荷，减少工作流程中不必要的闲置，或使某些烦琐的流程得以改进优化，最终达到降低人员劳动工作强度、聚焦核心业务流程、提升内部人员和外部患者的满意度，从而提高医院整体运营绩效的目的。

本次精益改进范围经院方一致商讨，决定选取胸外科等科室为改进示范点，利用精益改进周的方法率先实施精益改进。

5.4.2 精益改进方案

精益改进周又称现场快速改进。利用精益六西格玛和工业工程的现场改进技术，对特定或选定的范围、任务线或目标，以团队的形式，创建和实施快速的、可行的方案并达成改进目标。通过改进创建一种成功的模式和样板，再由点到面推广，一次快速改进活动一般由 5～7 个团队成员组成，由顾问师培训和全程辅导在一周内完成，故而又称改进周。

本次改进项目在 DMAIC 路径的基础上，将精益改进周主要流程分为培训、设计、实施、改进、标准化五个流程。其中培训主要涵盖六西格玛中的定义阶段，在明确项目范围后，由咨询顾问对改进团队进行与精益相关的工具和方法的培训，并对项目小组护理人员进行现场观察和相关流程或操作测量的培训指导，此部分在精益改进周的第一天完成；设计，即六西格玛中的测量阶段和分析阶段，按照所学的数据采集方法，对现场操作进行观察采集和分析挖掘，并且按照精益的理念对改进对象重新设计，大胆提出新想法，此部分在精益改进周的第二天完成。

实施和改进主要是六西格玛的改进阶段，通过前两天对现象和数据的收集，对其进行分析和问题点总结，利用精益方法和工具识别快赢机会和进行头脑风暴，制订改进方案，并于当天按新的设计开始运行，随后由顾问指导对新的方案提出持续改进建议，并引导项目组成员对现状进行持续改进，此部分在精益改进周的第三天和第四天完成。

标准化是六西格玛控制阶段的内容，本次项目改进主要通过标准化的形式，将改进后的流程程序或操作步骤进行文件制度制定，以标准作业程序（Standard Operating Procedure，SOP）的形式指导未来流程操作，并且制订未来跟进计划，使改进成果得以长久保持，并使内部人员自发进行持续改进，此部分将在精益改进周的第五天内完成。

由此将精益改进周的培训、设计、实施、改进、标准化与六西格玛的定义、测量、分析、改进、控制路径有效结合起来，充分利用六西格玛严谨的理论实施路径和精益思想提供的多种工具，使得项目改进不但具有方法论的支撑，还具备了有效的分析改进工具和切实可行的改进方案。

5.4.3 精益改进方案实施

在院方的商讨下，胸外科作为试点改进科室，首先进行精益改进周的实施。胸外科共选派 12 名护理人员（分别来自胸外一和胸外二），组成两个项目小组，在精益改进周的第一天和第二天与咨询顾问一起学习精益基础理论知识，并由咨询顾问为团队成员进行项目介绍和数据采集方法的培训。根据所学培训内容，项目小组进行头脑风暴,总结现场问题点,并根据日常工作状况和改进目标自行设计制作数据采集表格,进行了为期半天的数据采集,数据采集完成后,由咨询顾问对表格进行回收,确认表格设计及使用情况,并带领项目小组进行数据整理,总结问题点,主要问题点汇总表如表 5-8 所示。

表 5-8 主要问题点汇总表

序号	操作	问题点描述
1	采标本	物流高峰负荷大,经常引起拥堵
2	换液	移动设备掌上电脑(PDA)扫描灵敏度低
3	执行医嘱	医嘱准确性差
4	物品相关	小的检查仪器不好寻找
5	其他病患沟通	沟通效果差
6	准备注射	处置室物品经常找不到
7	记录	重复录入
8	移动	被动移动多,重复工作

经过为期两天的培训学习、数据采集和问题汇总,项目小组在精益改进周的第三天进行了问题点原因分析。"采标本"这一操作在物流高峰期尤其是早高峰时,护理人员的工作负荷会较大,并且高峰排队现象会造成现场拥堵,不但会使患者的就医体验大打折扣,还会降低医护人员的工作效率,经过分析得知是该科室的硬件问题;"换液"操作因为移动设备 PDA 扫描灵敏度低,常出现扫描不成功的现象,进行多次扫描,造成动作的重复;"执行医嘱"这一操作表现为准确性差,通常医生下医嘱均习惯口头表述,没有统一标准或纸质模板,且口头表述存在较大

的主观性和不规范性，因此对护理人员来说，接收医嘱消息会存在信息点遗漏或双方信息不对称的情况，从而造成执行医嘱不准确；"物品相关"和"准备注射"两个操作均存在物品找不到的情况，这一现象常常是因为物品的管理存放没有固定位置，科室疏于对物品的分类管理和定位管理，因此不同的护理人员使用后随意放置，使得物品不能归置原位，造成每次使用时都存在寻找的动作。

此外，"其他病患沟通"这一操作存在沟通效果差的现象。患者本身作为被服务者，对服务流程或病情等存在疑问，与护理人员沟通时常因为表述不清或理解偏差导致沟通不顺畅；而护理人员作为服务者，其操作流程和问题解答均偏向专业化和术语化，因此对患者来说较难理解。双方由于角色角度不同存在信息传输不对称的情况，且护理人员缺乏标准话术，从而对患者提问答疑方面的引导能力存在欠缺。"记录"操作常出现重复录入的情况，这种情况是由于某一种情况经常发生，导致护理人员重复记录。由于护理人员每天的工作量较大，工作种类繁多，记录信息的次数和种类也较多，导致脑力负荷较大，对于同一信息录入的敏感程度会有所下降。"移动"这一操作主要是因为患者呼叫次数多，且每次呼叫常因为重复的一件事或一种原因。患者情绪波动或思想紧张常呼叫护理人员前去查看，但这种重复的呼叫操作，对于患者解决问题来说是无效的，且对于护理人员来说是时间闲置现象，还会增加护理人员的疲劳程度，因此会出现护理人员重复多次的被动移动,尤其是患者正在输液时,经常由于换液呼叫护理人员,而护理人员赶到时却发现还有较长一段时间才到换液节点。

经过第三天对根因的挖掘和分析,项目小组在精益改进周的第四天首先进行了快赢机会识别,针对"采标本""换液"和"记录"的问题,采用硬件更新的解决方法。比如,将PDA更新以便于解决扫描不成功问题、引入系统裁剪功能以便于解决重复记录的问题。

精益改进周的最后一天进行标准化,将改进点结合实际工作流程或操作进行统一,制作SOP,从而将优秀的、有效的、科学的经验和成果保存下来,以便于再遇到类似的流程或操作时,即使不同的护理人员参与,也会在原来的基础上继续向前推进,而不至于从头开始。此外,标准化还能在一定程度上规范护理人员的业务范围和工作习惯,甚至是操作动作,以便于科室整体的业务流程都是可控的,并且在将来推广实施全院精益改进周的时候,可以将现有模式进行复制推广,在标准的基础上,根据不同科室的实际情况进行差异化改动和创新,保证项目快速稳定地实施。

5.4.4 改进点汇总

5.4.4.1 5S管理

项目小组按照5S管理的思想,首先将科室内不要的物品进行清理,并将留下来的物品按照使用频次、功能区分等进行分类摆放,对科室现场进行污物清扫,使现场整洁明了。此外还增加了地面标识,按照污染区、缓冲区、洁净区进行严格的三区划分,用地标带将水池、垃圾桶、消防栓等进行划分,起到警示作用,并在使用频次高、移动频次高的设备设施旁用三角地标进行定位标识。

除了地面标识,还增加了桌面标识,使用桌标带将工作台按照功能区域划分,如"耗材区""标本处理区"等,并将桌上物品进行定位标框,保证将小件物品使用过后放回原位,避免四处寻找,浪费时间,如"治疗盘""换药登记本"等物品的定位标识,5S管理有效地解决了"物品相关""准备注射"的问题。

5.4.4.2 看板管理

项目小组为了解决"物品相关"项目中仪器设备找不到的问题,制作了仪器设备行迹管理看板(见图5-9)。看板主要分为三个部分,第一个部分位于看板左侧,主要包括房间编号,将胸外科房间号按照顺序排列,每个房间号后面对应四个空白格,用来放置设备磁卡,设备磁卡上注明了小组和设备名称,哪个房间使用了设备,就将该设备的磁卡对应贴在房间后的空格中,这样就可以让所有护理人员清楚地知道设备去处,有效避免了寻找设备和设备丢失的情况。此外,在看板的右上侧还标有"处置室"的部分,用来放置磁卡,磁卡使用后归至此处。看板的右下侧标有"维修"的部分,可将待维修的设备磁卡贴到此处,预示设备需要维修。

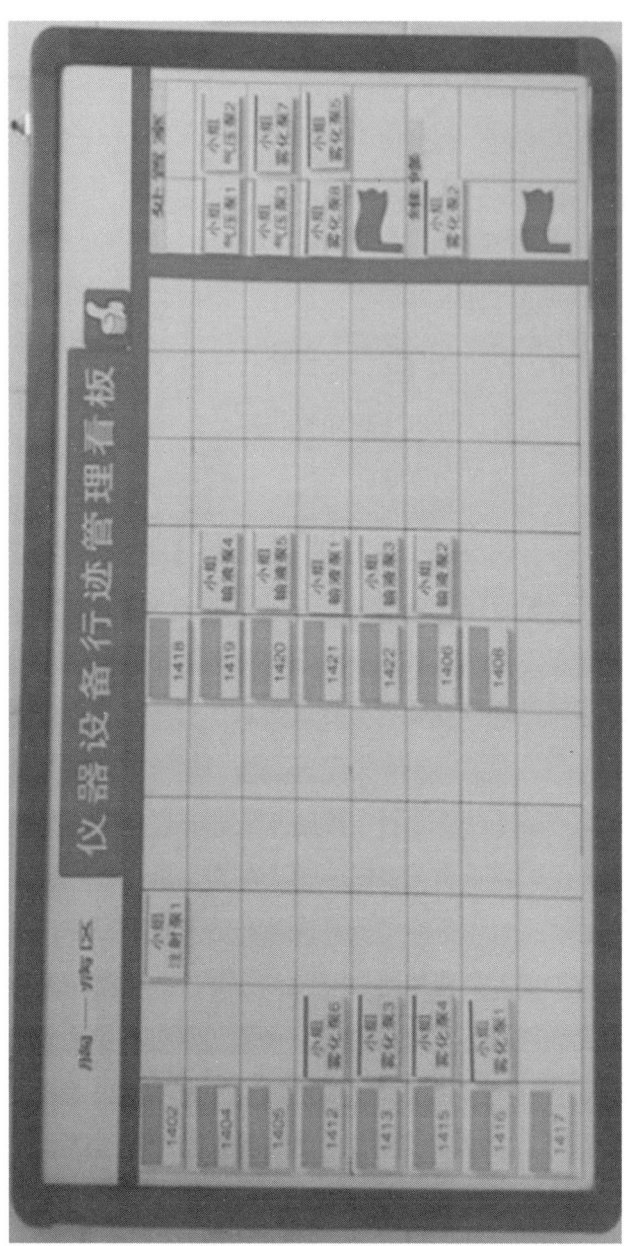

图5-9 仪器设备行迹管理看板

5.4.4.3 耗材管理

由于护理部工作范围较广,涉及的耗材种类相应较多,为了便于耗材的管理、使用和盘点,胸外科针对耗材实施了目视化的管理办法。耗材放置位置主要有耗材柜和桌子。针对耗材柜,按照耗材种类进行分层摆放,每种耗材固定摆放位置,并辅助桌标加以区分标识,不同的物品位置由桌标框出,并在对应的隔板位置贴上物品标签,确保物品能够定点定位。此外,针对桌子抽屉内放置的耗材,按照耗材使用频率和护理人员操作习惯,首先将耗材物品进行抽屉定位,确定好各个抽屉放置的耗材物品后,针对较大的抽屉(内置耗材物品种类较多的),使用抽屉隔板对抽屉内空间进行分隔,将抽屉内耗材物品种类严格区分开,避免混乱摆放的情况出现,并在抽屉外张贴对应的物品名称标牌,能够使护理人员一目了然。

针对放置物品较多的耗材柜,护理人员还制定了索引表,便于快速定位物品位置。索引表主要由物品位置编码和物品名称构成,经过商讨,项目小组决定编码规则使用 JX – M – N,其中"JX"表示耗材架子编码,如耗材架 1 用"J1"表示。"M"表示层位数,"N"表示从左至右的列位数,如编制胸外科耗材架 J2 索引表,如表 5–9 所示。

表 5–9 胸外科耗材架 J2 索引表

导尿包	胸穿包	治疗盘	备皮刀	血糖针	血糖试纸
J2 – 1 – 1	J2 – 1 – 2	J2 – 1 – 3	J2 – 1 – 4	J2 – 1 – 5	J2 – 1 – 6
小切包	口护包	会护包	拆线包		

(续)

导尿包	胸穿包	治疗盘	备皮刀	血糖针	血糖试纸
J2-2-1	J2-2-2	J2-2-3	J2-2-4		
辅料			纱布	凡士林	起钉器
J2-3-1			J2-3-2	J2-3-3	J2-3-4
雾化器（组1/2）	雾化器（组3/4）		雾化器（组5/6）		雾化器（组7/8）
J2-4-1	J2-4-2		J2-4-3		J2-4-4
输液泵1	输液泵2	输液泵3	输液泵4	输液泵5	注射泵1
J2-5-1	J2-5-2	J2-5-3	J2-5-4	J2-5-5	J2-5-6

5.4.4.4 滴液报警器

护理人员经常遇到被患者家属呼叫换液的情况，往往当护理人员赶到时，瓶子里还有较多的药液，需要再等一段时间才能操作换液，或者遇到家属未能陪同在患者身边，需要护理人员时时查看输液情况，以上两种情况都会造成护理人员较多的移动，且这些移动大多是不必要且无效的。长时间的被动呼叫移动，不但会增加医护人员的体力负荷，还会使之长期处于神经高度警戒的状态，对脑力负荷也存在一定的影响。因此针对"移动"这一问题，项目小组引入了"滴液报警器"装置，此装置利用光敏原理，当滴液空档时间较长时，就会触发报警装置，护理人员根据报警得知换液消息。滴液报警器不仅起到防范液体滴空的作用，也降低了患者误判而呼叫护理人员的次数。

5.4.4.5 标准化话术卡

护理人员经常遇到为患者答疑的情况，但往往因为患者与医护人员在医疗专业领域存在较大的认知差异,导致双方信息不对称,患者有时不能很好地理解医护人员的答疑,医护人员有时也不能准确地抓取患者的疑问根本,加之缺乏对患者提问的引导能力,导致双方沟通不畅,不能达到很好的沟通效果。

项目小组针对此问题,制定了胸外科的标准化话术卡,主要包含"入院须知""入院指导""术前指导""出院指导"以及"常见问题标准答疑卡"。护理人员在为患者答疑解惑时,按照标准话术卡进行引导,不但可以全面地向患者介绍详细流程,还可以有效地降低病患言语歧义和反复询问的概率,使得话术更加标准,沟通更加高效。

5.4.4.6 病房查点卡

病房查点是护理人员工作项目中较为频繁的一项,护理人员在病房查点时涉及的方面较多,且需要与患者进行大量的沟通交流,经常会出现查房内容遗漏或者同一问题重复提问的状况,针对这一现象,精益改进项目小组制定了病房查点卡(见表5-10),将查房涉及的问题统一标准进行提问,有效地防止遗漏和重复工作,使每次的病房之行能够更加高效。

表 5-10 病房查点卡

序号	内容
1	患者及家属是否符合医院要求
2	病室内各病患输液情况
3	患者各导管有无异常
4	床头卡信息是否与医嘱一致

(续)

序号	内容
5	床尾风险标识卡与病情是否一致
6	床单是否整洁
7	了解各病患动态诊疗信息
8	病房设施是否正常运转

5.5 控制阶段

控制作为实施流程中最后一个阶段，十分关键。控制阶段是项目团队固化项目改进巩固成果的重要步骤，主要目的是对人们的工作方式形成长期影响并加以保持，避免回到旧的习惯和程序中去。

为了巩固改进成果，需要将改进阶段对流程做出的修改或者新的作业流程进行规范，成为标准。

5.5.1 配液标准作业程序

配液作为护理人员日常工作中最为频繁的工作项目，直接关系到患者的病情及护理状况。配液流程较长且操作较多，为了统一作业标准，规范操作，降低出错风险，项目小组特针对配液流程制定 SOP，以便护理人员统一参考和学习使用，配液标准作业程序要点如表 5-11 所示。

表 5-11 配液标准作业程序要点

作业名称	配液		管理工具	SOP
操作人员				
序号	作业顺序	配图参考	注意事项	
1	洗手		时间充裕	
2	核对医嘱		医嘱单/输液贴/液体一致	
3	物品准备		效期/质量	
4	检查药品及液体		三查八对	
5	配液		无菌操作原则	
6	配液完成		注名时间/签全名	

注：无菌操作原则——消毒瓶口面积充足/避免触及活塞。

5.5.2 仪器设备看板使用标准

为了方便护理人员有效地使用仪器设备行迹看板，项目小组专门制定了仪器设备看板使用作业程序及标准，如表 5-12 和图 5-10 所示。

表 5-12 仪器设备看板使用作业程序及标准

作业名称	仪器设备看板使用作业程序		管理工具	SOP
操作人员				
序号	作业顺序	配图参考	注意事项	
1	拿取设备		—	
2	拿取对应磁卡		设备与磁卡对应一致	
3	放入对应房间空格		注意房间位置	
4	归还设备		设备放回原位	
5	对应磁卡归位		磁卡放回原位	
6	维修设备区域		—	

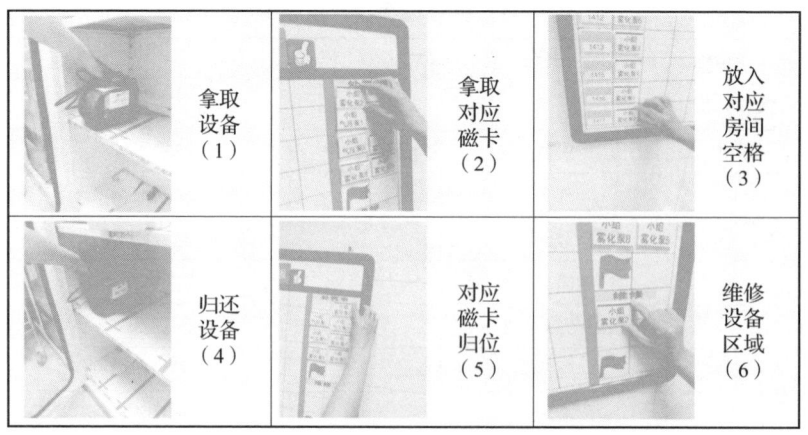

图 5-10 仪器设备行迹管理看板

5.6 本章小结

通过精益六西格玛改进，护理部的人员工作负荷有了明显的下降，整体人力资源配置有了进一步的优化，忙闲不均、职责不清、返工差错等问题得到缓解。精益六西格玛获得的进步已经得到了科室及医院的认可，并保留了下来，医护人员习惯于精益六西格玛为他们带来的益处。

第 6 章

急诊科的精益六西格玛(一)

急诊科是医院急症诊疗的首诊场所，也是社会医疗服务体系的重要组成部分。科室实行 24 小时开放，承担来院急诊患者的紧急诊疗服务，为患者及时获得后续的专科诊疗服务提供支持和保障。急诊医学的水平在一定程度上综合反映了一所医院的总体诊疗水平。

急诊科是医院中重症患者最集中、病种最多、抢救和管理任务最重的科室，是所有急诊患者入院治疗的必经之路。科室对医生及护士的能力要求相对较高，在大部分情况下，医生都需要具备独立判断和解决问题的能力。短时间内，信息掌握有限，医生要做出正确的判断，迅速诊断病因、实施紧急救治。急诊科通常压力更大，工作节奏也更快，而且 24 小时开放。

急诊医学是以现代医学科学的发展为基础，以临床医学的救治措施为手段，在机体整体的角度上，研究和从事急症的及时、快速、有效救治及其科学管理体系的综合性临床学科。急诊医学的构成包括院前急救、院内急救、危重病加强医疗以及急诊医疗体系管理学等。急诊医学的诊治手段几乎囊括了临床各科急症的诊断、鉴别诊断和紧急处置的所有内容。

急诊的定位是应对急症患者，目前还面临大量非急症患者占用急诊资源的现象，导致急诊科管理压力增大，原有工作对象倾斜，最初的定位和初衷没有得以实现，也是当前急诊面临的普遍现象和问题。

总体来说，急诊科不仅面临技术和资源的难题，也面临与时间赛跑的管理难题。既然面临管理难题，我们就可以用精益六西格玛的方法进行改进尝试。

6.1 定义阶段

6.1.1 项目背景

某医院拥有1400多张病床，40多个临床专业科室，医院年门急诊患者200万余人次。其中急诊科年接诊量在12万人次以上。急诊科在院内具有独立区域与入口，影像科设备与门诊共享。科内每日在岗人数15人，护士每日在岗人数13人。科室曾在运营管理方面做出过诸多努力，并且取得了许多明显的效果。科室非常重视医护人员接待患者的服务过程，在医患配合过程中使用清晰准确的沟通方式。医护团队应对高峰期具备较灵活的方案对患者进行全面救治，对于急症患者采取相应的救治方案。医护人员在长期的培训和学习过程中具备较高的素质，能够很好地为患者进行服务，并且在急性心肌梗死等典型急症方面开辟了绿色通道，以第一时间拯救患者生命为使命，在此取得了不俗的成绩。

随着接待人数的增加，急诊资源以及急诊硬件规模跟不上现有患者数量的增加，急诊排队现象加剧，患者在院停留时间增加，偶发医患冲突，患者负面情绪较大，医生和护士的工作压力陡增，职业成就感不足。医院经过长期评估，想通过扩展规模缓解需求与资源之间的矛盾，但是增加各类资源数量是一个周期较长的过程，当前短期面临的种种问题和困难仍要解决，因此科室管理团队通过外部学习了解到精益六西格玛的管理方式可以在科室管理方面拓展新的思路，希望借此提升科室的运营管理水平，缓解当前面临的矛盾。

6.1.2 客户需求分析

科室管理层在日常巡视的过程中相较之前有患者增多的直观感受，在科室会议的反馈中发现就诊过程中患者存在较多抱怨的声音，并且对急诊拥挤的排队环境等也有较大的负面情绪。由于就诊人数的增加，医生和护士的忙碌程度日趋增加，经常因为交接班前后出现急症患者到来而加班，加之患者家属的焦急情绪，使得医生和护士的压力进一步增加。科室员工一天工作下来疲劳度很高。科室主管希望在现有管理的基础上，将精益六西格玛的管理方法运用于科室管理，将科室现有管理水平提高到一个更高的层次。这样做，一方面可以缓解当前患者与急诊资源不足的矛盾，为日常到来的患者做好服务，并且减轻内部员工的工作压力；另一方面能够遵循急诊设立的定位初衷，更好地为急症患者服务。如何在现有的医疗资源之下为更多的患者提供更好的服务，这是科室面临的一个重要问题，管理者希望在流程管理和人员管理方面得到相应的提高。

6.1.3 确定项目测量指标

经过对科室管理层的期望进行沟通和分析，首先要明确对患者的服务质量不能因为患者人数的增多而下降，然后对于科室希望解决的问题进一步加以讨论。科室管理层以及一线医护人员的工作压力大多来自应对来院救治的患者，来急诊诊断的患者大多希望所患疾病尽快得到可靠的救治，并且尽快康复。因此在患者接入院到离开的过程中，将经历的时间有效地运用到诊治和康复的过程对患者来说是至关重要的。

由此我们思考一个问题，患者在院停留的时间是全部都在进行诊治和康复吗？就目前的行业流程看，明显不是。患者通常要在科室不同的接洽环节中进行沟通，处于行走、等待、付费等过程中，并且通常伴随着担心和焦急的情绪。医院的管理者和工作人员通常认为，这些步骤是必不可少和理所当然的，因为它保证了一个机构安全稳定的运行。但是所有的过程都是必要的吗？有没有改进提升的空间？这是值得思考的问题。顺着这一思路，将患者从入院到出院的整体流程作为主要研究目标，一般来说，患者都希望能够尽快地从医院的诊治过程回到正常的生活当中，并且医院也希望患者能够尽早出院，加快医疗资源的流转，为更多的患者服务。因此，我们可以将患者在医院停留的时间作为项目的测量指标，将其命名为患者院内流转时间（用 Y 代表）。

患者院内流转时间通常由三个因素构成（见图6-1）：

（1）环节时间（患者接受服务的时间 Y_1）

（2）衔接时间（上下环节衔接时间 Y_2）

（3）环节数量（N）

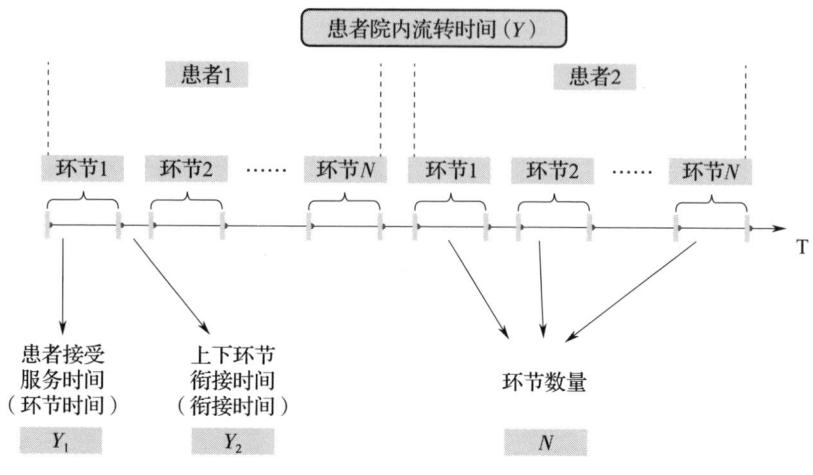

图6-1 患者院内流转时间的构成

环节时间（Y_1）通常取决于患者所经历的服务环节的细节流程标准，如分诊阶段的询问、信息登记、病情紧急程度判断、流程引导等。环节时间直接体现的是服务患者的效率水平。环节时间通常是由正常业务时间和异常处理时间构成（见图6-2）。正常业务时间为正常状态下按照正常流程标准完成环节任务的时间。异常处理时间为一定概率发生的处理非正常环节任务的时间，如登记过程出现错误进行更正、离岗步行较远距离确认医生是否可以进行诊断、患者与分诊护士沟通产生较长时间的纠缠等因素所消耗的时间。在整个环节中，通常前者占比越高越好，后者占比越低越好。

衔接时间（Y_2）通常取决于患者家属对于下一个环节目标去向清晰程度、患者病情的紧急情况和主观意愿、排队人数、等待时间等影响因素，通常体现环节间衔接的流畅度水平。比照环节时间，衔接时间也由常规流动时间和停滞时间构成（见图6-2），常规流动时间通常包括环节间步行所消耗的时间、正常排队等待时间等，停滞时间通常包含确认下一个环节是什么、在哪里以及走错地方等所消耗的时间。衔接时间对于患者通常为无价值时间，因此衔接时间在患者就诊过程中占比越低越好。

环节数量（N）的决定因素就更多一些，不同类型的患者差别也会更大一些。通常，环节数量取决于患者的病情、医生诊断和处方决策等。比如，危急程度较低的患者需要根据自身病症进行相应全面的检查，或者前一天已经接受过诊疗、这次仅仅是来输液的，危险程度较高的患者经过简单的登记环节就要直接进入抢救室或手术室。

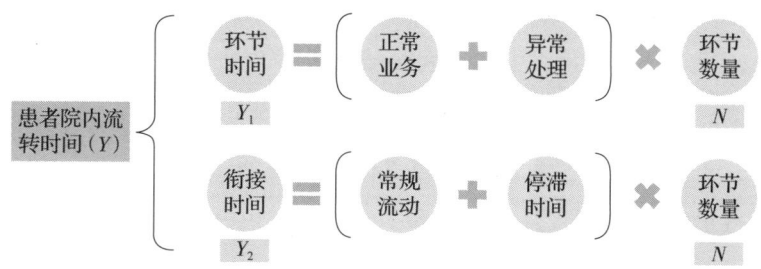

图6-2 环节时间和衔接时间的构成

6.1.4 组建项目团队

根据项目需求,急诊科组建了项目专家组,成员共6人,由科室主任主导,还包含急诊专家1名,医生1名,护士代表1名,顾问2名。

6.2 测量阶段

6.2.1 梳理系统现状

与单一科室特点不同,急诊科就像是医院中的医院,麻雀虽小,五脏俱全,各类功能区一应俱全。所以,针对急诊系统现状的梳理就相当于在项目范围内对急诊主干流程的梳理。经过项目团队的研究,因为主要关注患者在院内就诊过程中流转的情况,我们将研究范围确定为从患者入院开始到离开医院、开始办理输液或住院为结束的过程,并将流程研究的对象定义为患者。经过访谈和现场观察,我们可以将患者活动的流程大致分为四个大类,其中一个最具代表性的流程是患者当天到来并且当天离开的过程,此类患者在急诊分别经历了入院、分诊、挂号、诊断、缴费、采血、检验、影像、处方、缴费、取药、离开医院的环节,项目小组将此定义为基础流程,此类患者占据70%以上的比例。由于患者的就诊目的或者紧急程度不同,在此基础上导致患者需要经历不同环节,在此列举三种比较典型的例子:

- 需要紧急救治程度很高的患者，会暂时略过缴费环节；
- 仅进行输液的患者，会略过检验、影像的环节；
- 病情非常轻者，会略过诊断后的大部分环节。

由于典型的例子通常属于基础流程的子集，且占比较小，因此将分析和改进的目标定位在基础流程对于子集流程也很可能会产生相近的效果。

6.2.2 聚焦关键因子

在流程研究的过程中，根据约束理论，我们需要挖掘患者院内流转过程中的瓶颈环节，将瓶颈环节依据流转时间结构进行分析和拆解，找出其中子流程的问题点和提升空间，如环节中的异常处理时间、衔接过程停滞时间、正常业务和常规流程的波动等。根据问题点现象分析相关原因，采取合适的解决方案进行流程优化。

6.2.3 数据采集方案

经小组研究决定，数据采集可以采用系统数据收集和现场数据收集两种方式进行采集。首先，系统数据采集的优势表现在以下两个方面：一方面，研究对象为急诊科室的流程，环节较多，且各个环节均在并行运作，所以评估科室在一定期间内的运营水平运用系统数据是一个较为客观的方式。因此，先对急诊科医院信息系统（Hospital Information System，HIS）数据以及 PACS 等数据进行相应的采集，作为后续分析的数据基础。另一方面，系统数据的收集需要环节采集点的支持，但环节细节过程的表现并不是很好，因此我们也采用现场数据收集的方式弥补系统数据的不足，可以进一步挖掘环节中的问题点。现场收集数据当然也有其不足之处，如使用人员较多、效率较低以及结果存在一定的随机性，所以我们也决定采用现场访谈和头脑风暴的方法弥补其在全面性方面的不足。

系统数据采集内容可包含：科室、环节名称、病症类型、各环节记录的时间点等，采集时要注意保护患者隐私，不要涉及患者基本信息。现场数据采集首先要了解科室的基础信息，对整体布局、患者动线、拥挤情况、急症占比、医护人数、抱怨声音等做出初步了解，然后采集环节的时间点，各个环节的开始时间、结束时间、衔接过程的开始时间、结束时间、排队人数、排队等待时间等，对于系统数据的准确性可以做到相互印证。

6.3 分析阶段

6.3.1 急诊科基本信息

从 HIS 仅一年的急诊就诊数据统计，最近一年内患者访问人数约为 13 万人次，平均每日接待就诊人数在 350 人以上。其中内科患者占比 58%，外科患者占比 42%。按照分诊级别统计，1 级和 2 级患者合计占比为 5%，3 级占比 75%，4 级占 20%。医生每班在岗人数为 11 人，护士每班在岗人数 13 人（含长白班 3 人），医护人员常规为白班、夜班两班倒模式。每名医生日服务患者平均数约为 15.9 人，每名护士日服务患者平均数约为 17.5 人，具体如图 6-3 所示。

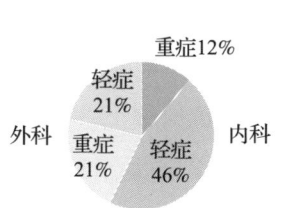

级别	小组	人数	合计
重症	内科	40	350
	外科	75	
轻症	内科	160	
	外科	75	

内外科室接待患者

分诊级别	人数	占比
1 级	7	2%
2 级	11	3%
3 级	262	75%
4 级	70	20%

患者分级比例

图 6-3　急诊科基本信息

急诊科布局为倒 T 字形布局，对于科室布局情况进行采集后，我们对基础流程的患者动线进行了采集，以及对现场患者排队情况进行观察。发现有以下特点：

（1）各科室功能间空间紧凑。

（2）通道面积较小，走廊狭窄，仅可容纳两张移动病床并行。

（3）交叉口高峰期压力较大。

(4) 挂号处、护士站、导诊台及部分诊断科室门口排队现象较为严重。

(5) 患者对于非交叉口的功能空间问路现象较多。

6.3.2 价值流程图分析

在数据采集的过程中，我们收集了各环节的时间平均水平、等待人数、衔接时间、各环节服务人数等信息，并根据信息整理出了价值流程图（见图6-4）。根据精益价值理论，我们可以将科室每个与患者的服务对接点的环节看作增值的，而其他衔接过程则视为非增值时间，依据 VSM 增值比计算方法进行初步计算，急诊科室基础流程的增值比约为 25.99%，非增值时间占比 74.01%。根据 HIS 数据统计分析，急诊基础流程患者在院就诊时间（不含输液）平均约 150 分钟。据此推断，患者在急诊就诊增值时间约为 38 分钟，而其他非增值时间约 112 分钟。由此可见，患者来院就医的过程大部分时间是一个非增值的过程，而非增值过程是由大部分等待时间和小部分走动和沟通时间构成。

从一名患者个体的角度分析，我们可以观测患者增值步骤的时间分布情况，由图6-5发现，患者增值步骤发生在诊断、影像、处方这三个环节占比较高，其他环节基本处于同一水平。宏观来看，若想保持患者流流畅，不在其中某些环节发生堆积，那么每个环节的对接时间水平需要尽可能接近。从影像的角度来说，患者影像的时间一方面取决于上下台的时间和设备扫描

第 6 章 急诊科的精益六西格玛（一）

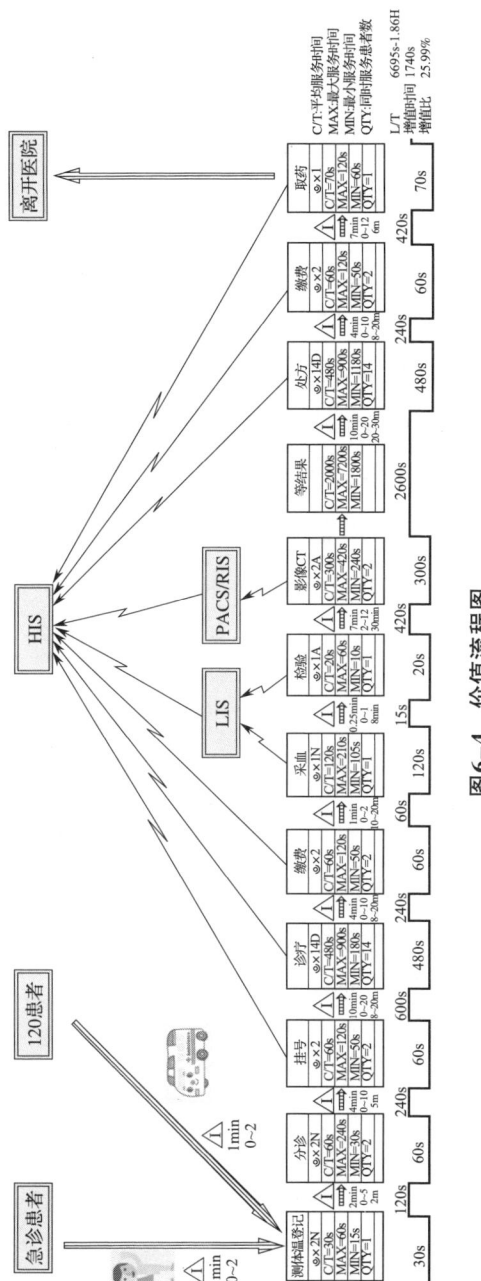

图6-4 价值流程图

的时间；另一方面取决于是否有多台设备可以为急诊的患者及时提供检测。诊断和处方进行的处所都在医生诊室，因此这两项过程一方面由医生诊治速度决定，另一方面由科室医生数量决定，当然仅看医生数量是不够的，也需要关注医生数量与患者种类的匹配程度。假如，患者的数量为400人/日，医生的人数为10，医生每日可服务患者数为40人/天，这样看貌似合理，但是如果因为季节变迁或者其他因素导致内科或者外科诊治需求人数过多，就会造成一部分医生即便工作不停歇也看不完患者，而另一部分医生的部分时间会比较空闲的现象。这种工作上不平衡的现象是管理者不太希望看到的。

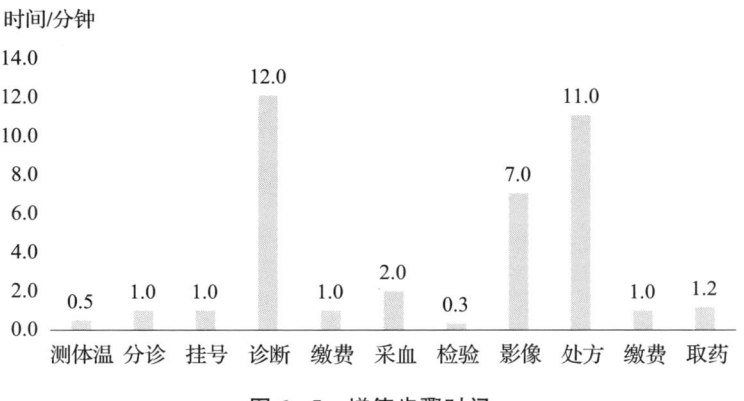

图6-5 增值步骤时间

根据现有科室资源配置，项目小组预估出科室窗口负载情况如图6-6所示。

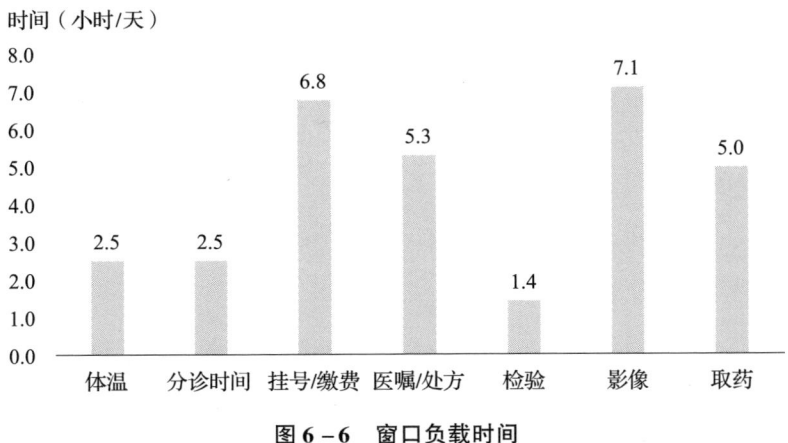

图 6-6 窗口负载时间

从预估数据推断：

影像、挂号/缴费、医嘱/处方窗口接待量相对较高，更容易出现排队等待现象。

需要注意的是部分环节未体现担负大量公共咨询服务的角色，实际被占用的时间也会上升，如分诊环节。

分析完后，接下来还可以从 VSM 的细节中观察一些现象和初步推测的因素。比如：

- 信息流方面部分环节未与系统连接导致信息重复录入；
- 检验和影像检查完毕后等待结果时间是造成患者院内逗留的重要原因之一；
- 挂号缴费窗口访问频次相对于其他步骤较高，是窗口频繁出现等待现象的原因之一。

使用 VSM 从宏观角度测量完价值流的增值状况后，总体来看我们可以得出以下结论：

（1）各服务对接环节节拍存在差异，大多数是 1 分钟，诊疗和影像时间相对较长。

（2）当单一科室患者连续出现或影像需求增多时，诊室排队现象会变得显著。

（3）挂号缴费属于并用窗口，高峰期属于高频访问窗口，会有较严重的排队现象。

（4）等待影像结果和化验结果，虽不消耗窗口资源，但会使患者院内存在长时间等待的情况。

（5）信息传递未达到完全联通，信息存在重复录入浪费。

6.3.3 现场问题点采集

在患者就诊的过程中，非增值时间消耗部分通常会通过各类问题点体现，这些问题点潜藏在日常工作中，项目小组首先需要经过培训才能识别它们，并且将其列举出来。我们决定采用两种方式进行问题点收集，分别是现场观察和头脑风暴。我们将环节时间和衔接时间的各类问题点现象进行列举。

环节时间问题点：

（1）患者在分诊台反复确认下个流程是否取药。

（2）患者围簇在分诊台前，不按地标站队，十分混乱。

（3）抢救护士寻找家属。

（4）患者就诊前会忘记携带病历本。

（5）医护人员告知患者信息不准确（姓名写得不对、家庭住址、电话号码说得不清楚）。

（6）分诊护士呼叫师傅退租车押金，师傅不在。

（7）目前登记患者多数信息均为纸质档案进行更新。

（8）医务人员手写单据，有时会出现手写错误或字迹不清楚。

（9）没有叫号，偶尔存在插队的现象，患者有些不满情绪。

（10）做心电图时找家属要挂号条，家属找不到。

（11）患者推到抢救室1发现没有地方，又推到抢救室2。

（12）分诊护士步行到诊室确认医生在不在。

衔接时间问题点：

（1）病人反复询问医务人员去哪看病，不看指引标识。

（2）现场粘贴信息过多，患者寻找有效信息存在困难。

（3）患者问保安急诊输液的地方在哪里，问保安心内科在哪里。

（4）送血不知道按门铃，以为没人，门口等待化验室人员。

（5）患者需要问医生，问哪个是验尿的。

（6）患者不会使用自助取单机，询问化验室医生。

（7）患者应该在门诊药房取药，却跑到了急诊药房。

（8）做影像问路（询问化验室人员较多），去诊室，去输液问路。

（9）分诊护士因人员短缺做不到与病区护士的交接，患者又不清楚流程（或者不记得），造成再次确认信息以及等待。

（10）患者在诊室抽血、影像、心电图等环节存在严重交叉。

（11）走廊较窄，患者在诊室前走廊等候，通常会影响来回患者。

（12）在护士站纠缠询问报销问题，但是需要医生解决。

（13）患者不知道抽血拿结果，护士提醒。

（14）患者挂号完毕后可能会忘记要去哪个诊室就诊，会返回分诊台进行询问。

（15）大夫帮忙拿化验单或帮助协调退药，晚来的患者等待。

（16）拿分诊条才能挂号，有些患者直接去挂号。

（17）退药沟通误会。

（18）患者挂号后就诊前发现没有病历本，需要折返排队购买。

（19）报销问题迷惑，询问护士，护士无法解答，应该就诊时询问医生。

找出各类问题点后，我们一般将问题点按照严重程度和发生概率两个维度进行分类和打分，由此我们可以筛选出需要重点改进的问题点有哪些。

经过问题的总结和筛选，项目小组讨论了几个具有代表性的问题，并进行了总结归纳：

（1）患者的临时性问题和流程疑问不能及时做到解答。

（2）每个环节与患者交代的信息可能存在疏漏。

（3）现场指向性的信息不够明确。

（4）部分信息需要重复记录，且不能共享。

（5）患者就诊过程中存在无序现象，容易产生焦躁情绪。

（6）患者排队等待的现象比较普遍。

这些都是在患者流转的过程中，异常处理或者停滞的现象，常常是由以下方面原因导致的：

（1）与患者沟通信息不够完整。

（2）患者不能很好地接收科室传达的信息。

（3）现场指引较为混乱，不够明确。

（4）信息化程度不足。

（5）患者在就诊间流程不完全受控。

（6）高峰期资源配置不足。

了解到问题的现象和原因，接下来就要思考相应的解决方案，做到对症下药。

6.4 改进阶段

由于急诊科室功能区域较多，设计环节繁杂，因此在改进方案中必须抓住重点，找出快赢方案，进行短期实施，取得效果，项目小组根据实际情况提出相应的改进建议。

6.4.1 5S 及目视化管理

5S 及目视化管理是现场管理的基础,按照 5S 管理的思想,首先使用红牌作战的方式将急诊科室内无用的物品进行分类清理,并在各个环节的工作间、窗口等位置将室内物品按照使用频次、功能区分等进行分类摆放,对科室工作间现场进行污物清扫,设备进行清洁擦拭,达到洁净无死角的清扫目标。此外还增加地面标识和墙面标识指引患者,并对不同功能区进行区分和警示。5S 及目视化管理,使物品用后归位,避免寻找,有效减少各类过程出现因目标不直观而产生延误的情况。

6.4.2 标准作业与话术培训

规范化窗口服务环节的标准,将服务环节流程细化,落实到文件制度中,并且将此标准经过专家的合理性评判,对相应岗位的执行人员进行培训。对于需要告知患者的信息进行规范化的要求,并且落实到实际工作中。

在走廊区域设立辅助指引岗位,在患者有疑问时及时提供帮助。

6.4.3 瓶颈环节资源灵活配置

在分析阶段,我们了解到现有医生资源配比是相对固定的状态,对于患者种类的变动暂无合适的应对措施,在就诊过程经常出现患者排长队等待的现象，患者长时间的等待产生了许多抱怨，另外医生当日也会处于非常疲劳的状态。因此可以根据现有人力安排的制度设立弹性的高峰期应急支援方案，以此缓解因患者病症种类较为集中而带来的人力不平衡。具体方案可以是：调整多名医生的上班时间，有条件的也可以寻求门诊同类科室的支援。

关于影像环节可以提供更多设备的使用权限供急诊患者优先使用，减少因高峰导致的影像患者大量排队的现象出现。

6.4.4 硬件设备升级

当前科室的信息化水平处于一个低水平的状态，通过现场问题点的收集与分析，我们可以从以下几点做出改进：

（1）为各诊断科室门口增添叫号系统，此系统可为患者等待时间提供一个较为明确的信息，同时也可以辅助维护患者就诊的秩序，使患者按照顺序进行就诊，避免发生插队的现象。

（2）在病历本缴费处或诊室走廊处增加病历本售卖机，避免患者因没有病历本或者忘记购买病历本去缴费窗口重复排队的情况出现。避免因忘记购买病历本而使排队现象加重的情况出现。

（3）为进一步减轻挂号缴费窗口的服务负担，可以考虑引入自助缴费机为患者进行服务。自助缴费机操作简单，界面清晰，适用于步骤较为简单的常规缴费服务，可以有效加快缴费环节的周转速度，缓解挂号缴费窗口拥挤的排队现象。设备附近可配置一位志愿者，有效协助操作不熟练的患者更快地进行缴费服务。

（4）将 HIS 拓展至分诊模块，将分诊过程采集的信息记录至系统，包含患者基本信息、分诊级别等信息，便于系统共享、查阅和追溯。这减少了挂号环节对于患者信息的再次确认。

6.5 本章小结

2020 年的疫情导致改进方案没有落地，医院便进入了应对疫情的紧急状态，因此本案例仅为急诊改进提供一种解决思路，希望能够为医院管理者提供管理方法的参考。

第 7 章

急诊科的精益六西格玛（二）

综合医院急诊设有全科、内、外、妇、儿、五官、发热、腹泻等专科诊室。因此，急诊科的工作可以说是医院总体工作的缩影，直接反映了医院的急救医疗、护理工作质量和人员素质水平。20世纪90年代的急诊科突出了科室的特色并融入了重症监护的优势，因而在现代急救医疗体系中占有重要地位。21世纪现代急诊医学科已发展为集急诊、急救与重症监护三位一体的大型急救医疗技术中心和急诊医学科学研究中心，可以对急、危、重患者实行一站式无中转急救医疗服务。

7.1 定义阶段

7.1.1 项目背景

急诊最大的特点是"急"，在整体诊断流程上要保证安全性和准确性，如何在质量、效率、成本、资源上做出平衡是急诊运营的长期话题。

H医院急诊科作为急诊患者重要接收窗口，对于急诊科的运营管理付诸了很多努力和尝试，同样也希望运用更好的方法提升科室管理水平。

通过深入角色调研访谈，了解医生、护士、患者的心声，以流程研究和岗位工作量评估为参考，进行合理资源分析及配置。综合评估现状，诊断急诊痛点，以提高急诊综合管理水平，提升患者满意度和医务人员工作满意度。

7.1.2 确定项目研究范围与方向

基于精益六西格玛的医院运营改善项目是在充分了解医院科室运营现状的情况下，深挖客户痛点问题，解决医院科室面临的痛点问题，提升医院科室运营管理效率与质量。本次研究将通过对H医院急诊中心的运营模式、资源配置的现状进行调研，以急诊科基础业务流程为中心，通过进一步对急诊科业务流程进行梳理，分析并聚焦其业务全流程的痛点问题，在此基础上，针对性地提出改善建议，承接科室发展战略要求，旨在达到提高急诊综合管理水平，提升医患满意度的发展目标。

因此，本次项目的主要研究范围将关注急诊业务运营模式、资源配置以及急诊业务全流程，具体如图7-1所示。

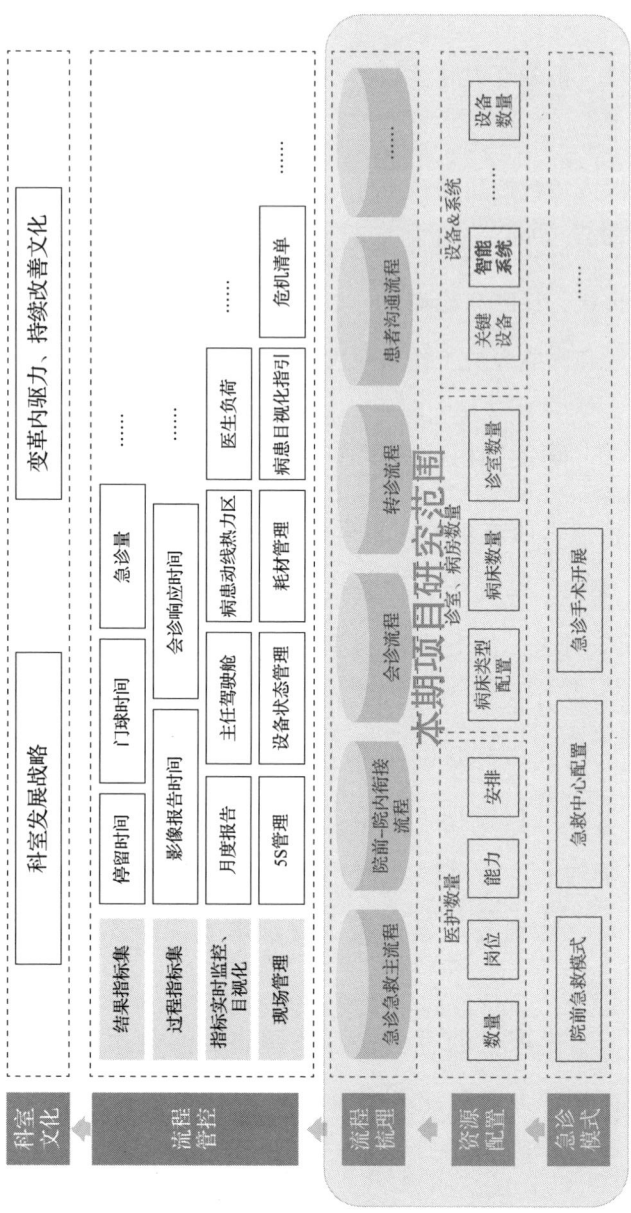

图7-1 项目研究范围

在对 H 医院急诊科的院前急救模式、急救中心配置、医护数量、诊室病床、设备系统、急诊急救主流程、院前-院内衔接流程、会诊流程、转诊流程以及患者沟通流程等充分调研的情况下，确定项目主要研究内容以及研究方向。具体如图 7-2 所示。

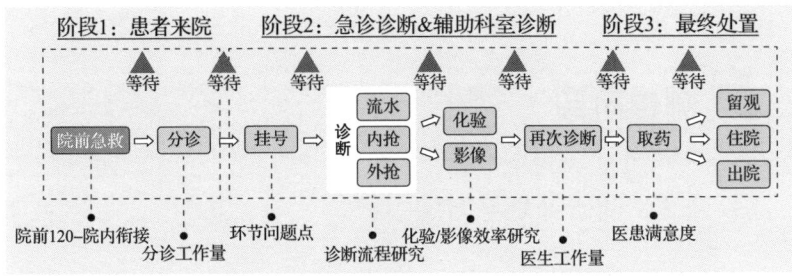

图 7-2　H 医院急诊科全业务流程图

根据图 7-2 对 H 医院急诊科全业务流程的梳理，关注急诊全流程各个环节，主要对 H 医院急诊科院前 120-院内衔接、分诊工作量、诊断流程研究、化验/影像效率研究、医生工作量以及医患满意度等内容进行重点研究分析，识别问题点，提出优化建议。

以急诊全流程为基础，确定本项目的研究方向如下。

（1）不同环节子流程：流程梳理、流程效率、流程合理性。

（2）岗位问题及风险点：效率、安全、质量、满意度。

（3）资源配置及工作负荷评估。

7.1.3 项目团队组建

根据项目需要,急诊科组建了项目专家组,成员共7人,由科室主任主导,还包含学科组专家1名,护士团队代表1名,医生代表1名,咨询顾问3名。

7.2 测量阶段

7.2.1 调研计划与方法

7.2.1.1 调研计划

针对H医院急诊科卓越运营项目,我们将整个项目分为三个阶段:第一阶段为前期准备阶段,该阶段主要是对H医院急诊科进行初步调研以及具体方案计划确认;第二阶段为现状测量阶段,该阶段主要通过访谈、现场观察测量等方式对急诊科的急诊模式详情、资源配置详情、业务流程详情等现状进行现场数据收集,为后续现状诊断分析提供数据支撑;第三阶段为现状分析、改进阶段,该阶段主要是对上一阶段采集的各种数据进行科学的梳理分析,将急诊科当前所呈现的问题进行统计分析,寻根溯源,甄别各个问题的本质原因,最后提出相关改善建议。

7.2.1.2 调研方法

为了进一步获取直观、科学、真实的现场数据以及真实有效地了解急诊科各个流程环节的实际状况，我们采用定性与定量相结合的调研方法。通过现场视频拍摄、监控数据采集以及相关人员的访谈调研等方式进行急诊科现状数据调研。

定量 – 监控采集：观测 20 天普内医生工作量数据，观察 40 个 120 流程，记录 20 天分诊护士、工作项目频次。

定性 – 现场观察：拍摄 200 张照片、发现 180 条问题点、观察 53 位患者就诊、监控数据验证。

定性 – 访谈调研：共访谈 13 人/50 + 人次；分诊护士 4 人、内抢护士 1 人、外抢护士 2 人、护士站护士 3 人、观察室护士 2 人、内科医生 1 人、急诊患者 5 人、患者家属 2 人。

7.2.2 H 医院急诊科宏观现状分析

7.2.2.1 急诊科业务流程最佳实践

- 心肌梗死患者门球时间水平 20～30 分钟（截至进入导管室）；
- 对于急症患者反应迅速，能很快进入抢救室进行抢救，医生反馈速度快；
- 护士团队具备很高的组织弹性，紧急的患者连续出现时，能及时完成全力抢救；
- 医生面对患者训练有素，紧急抢救过程中医生安排患者家属时流程事项交代得非常清楚；
- 医护专业技能熟练，服务环节严格遵照院内规定，现场各环节有条不紊；
- 从流动频次、流动群体、紧急程度看，布局相对合理，且空间利用率高，导管室位置合理；
- 患者接收更加人性化：承接部分流水患者，尽可能多地为患者提供诊疗。

7.2.2.2 急诊科急诊模式描述

经调研，H医院急诊科急诊模式主要分为院前急救、院内急诊和专科治疗三个阶段。院前急救主要是针对急救中心120运来的病患，急救中心120接到任务后，对病患进行前置救治，并将病患的相关情况报告至急诊科，通过与院内急诊的内部衔接，将患者快速移至急诊相关科室进行救治。这一环节主要的关注点在于院前院内的衔接是否通畅，反应是否迅速。

院内急诊主要针对自行到急诊科看病的患者。院内急诊的组织架构主要有胸痛中心、卒中中心、创伤中心、高危产妇&高危新生儿、中毒监测中心、危险性上消化道出血快速救助通道等，患者通过分诊咨询，找到对应的科室进行治疗。这一环节医患沟通交流非常重要，良好、有效的沟通不仅可以让患者接收到精确的、快速的治疗服务，也能提高患者的就诊效率。

通过院内急诊迅速有效的前置治疗，医生对患者病情进行准确定位，最后患者可以得到专门科室的精准治疗。具体见图7-3

H 医院急诊科急诊模式图，院前急救、院内急诊以及专科治疗这三个环节构成了 H 医院急诊科的急诊模式。这种模式下，各环节内部衔接顺畅，各方反应迅速，医护精准治疗，方能为患者提供良好的治疗服务，科室运营方能高质高效！

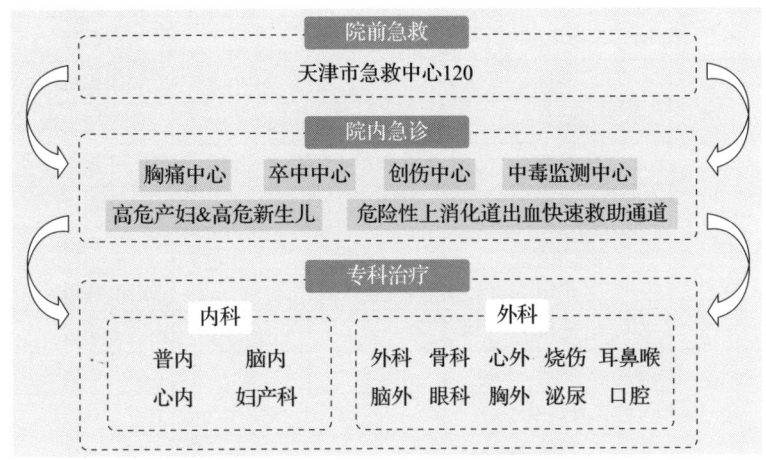

图 7-3　H 医院急诊科急诊模式图

7.2.2.3　急诊科人力配置现状

该医院急诊科当前人力配置如下（见表 7-1 ~ 表 7-3）。

表 7-1　急诊科护士人力配置

岗位	人力	班次	性质
分诊台	2 人	12 小时	固定岗
内科抢救室	1 人	12 小时	固定岗
外科抢救室	2 人	12 小时	固定岗
护士站	2 人	12 小时	固定岗
观察室	3 人	12 小时	固定岗

表7-2 急诊科医生人力配置

	岗位	人力	班次	性质
内科	普通内科	2人	12小时	固定岗
	心内科	2人	12小时	固定岗
	脑内科	2人	12小时	固定岗
	妇产科	—	—	病房
外科	外科	1人	24小时	不固定岗
	脑外	2人	24小时	不固定岗
	骨科	2人	24小时	不固定岗
	心外	—	—	病房
	胸外	—	—	病房
	烧伤	—	—	病房
	泌尿	—	—	病房
	眼科	—	—	病房
	耳鼻喉	—	—	病房
	口腔	—	—	病房

表7-3 急诊科辅助人员人力配置

岗位	人力	班次	性质
挂号	1人	12小时	固定岗
住院	1人	12小时	固定岗
进门登记	1人	12小时	固定岗
护工	3人	12小时	固定岗

7.2.2.4 患者排队现状

经调查统计，H医院患者排队分布现状如图7-4所示。

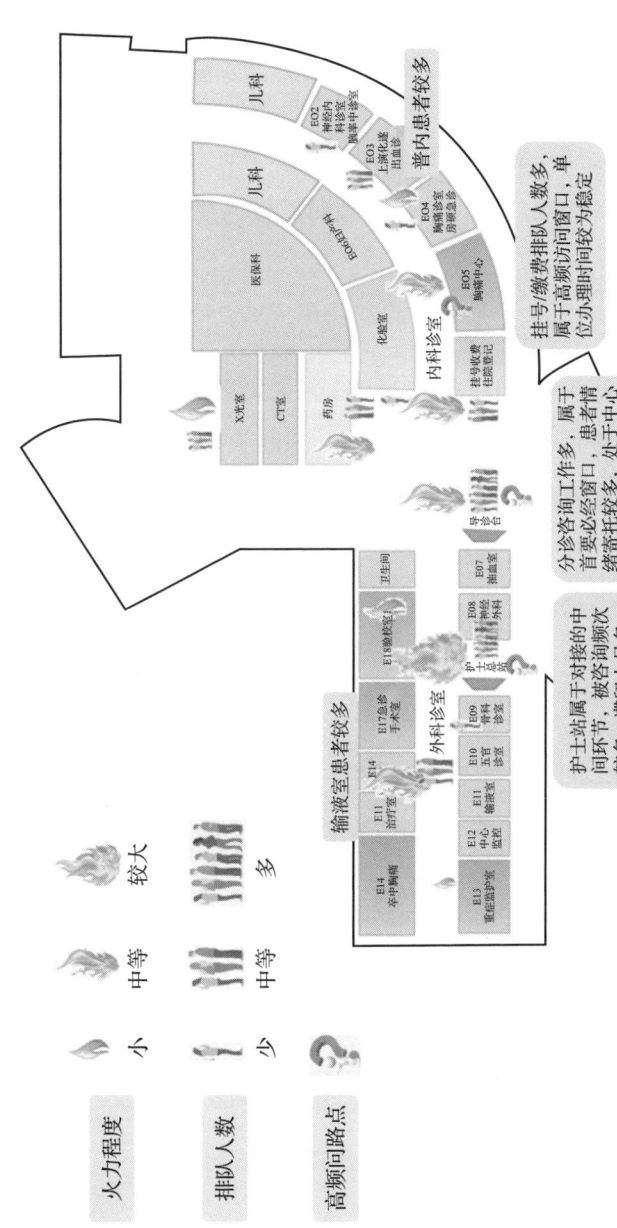

图 7-4 H 医院患者排队火力图

由图 7-4 可知，护士站属于对接的中间环节，被咨询频次较多，滞留人员多；分诊咨询工作多，属于首要必经窗口，患者情绪寄托较多，处于中心位置，被咨询频次最高；挂号/缴费排队人数多，属于高频访问窗口，单位办理时间较为稳定；普内与输液室患者较多。

7.2.2.5 患者构成

通过调研统计，H 医院急诊科的主要患者构成如图 7-5 所示，该急诊科每日患者总量为 350~500 人次，其中内科患者较多，占比约 59%，内科患者中普内科患者最多，占比 50% 左右；外科患者中外科和骨科患者较多，分别占比 36% 和 29% 左右。对应到上面的急诊模式中，可以看出每日患者分诊至三级级别中专科治疗模块的患者约为 272 人次。

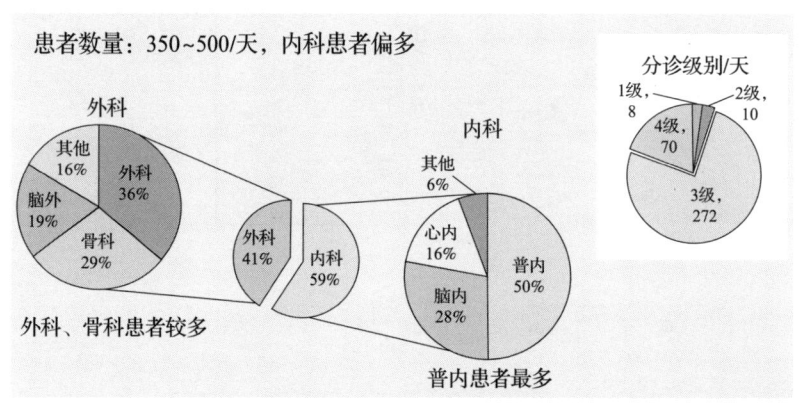

图 7-5　H 医院急诊科主要患者构成

7.2.3 流程环节现状及潜在问题分析

为了充分了解急诊科全业务、全环节的现状，我们进入医院急诊科进行深入调研，通过对不同类型患者就诊全流程进行跟踪观察，以及对医护人员、辅助工作人员的作业流程进行观察与统计分析，将急诊科全业务流程进行详尽描述，旨在通过对各个环节进行定量与定性分析，发现当前痛点。

通过观察分析，我们将整个急诊科患者就诊流程分为三个阶段，第一个阶段为患者来院流程；第二个阶段为急诊诊断与辅助科室诊断流程以及最终处置流程。具体全业务流程如图7-2所示。

7.2.3.1 院前120衔接环节分析

院前120衔接这一环节主要是120将患者送至急诊科，120医生与分诊进行交接这一过程，我们将这一环节流程细化，具体流程分为：120到达—120医生与分诊交接患者信息—护士查看病情并分诊—家属登记信息—等待转运平车—至诊室。在实地观察期间，这一环节所凸显的问题总结见表7-4。

表7-4 院前衔接环节问题点统计表

流程	问题点
120到达	● 院前告知系统：大多数没有"病情诊断"（如胸痛、卒中……） ● 120医生不戴口罩

(续)

流程	问题点
120 医生与分诊交接患者信息	• 120 未主动告知分诊：给患者做了哪些检查 • 120 交代患者信息不详细/与患者情况不一致 • 120 未提醒患者及其家属戴口罩
护士查看病情并分诊	• 120 医生交代患者信息不详细/与患者情况不一致
家属登记信息	• 家属不戴口罩 • 家属质疑分诊登记家庭住址信息
等待转运平车	• 平车/轮椅供应不及时，造成患者等待 • 家属质疑平车需要交押金（偶发矛盾，患者不满）
至诊室	• 患者等待

我们进一步对 120 入院—分诊完成环节以及等候平车所用时间进行统计量分析，结果如图 7-6、图 7-7 所示。

统计量

变量	N	N*	均值	标准差	最小值	最大值	极差
120入院-分诊完成	33	0	5.740	2.972	1.617	11.633	10.017

图 7-6 120 入院—分诊完成环节统计量分析图

由图 7-6 我们可以看出，120 入院—分诊完成这一环节所用时间的均值为 5.740 分钟，其中最长用时 11.633 分钟，最短用时 1.617 分钟，极差相差 10.017 分钟，这一环节的用时变化浮动较大；由图 7-7 可知，患者在急诊科等候平车的平均用时在 0.5~1.5 分钟之间，占第一阶段患者来院流程总用时的 26%，时间占比较大，患者等待时间较长。

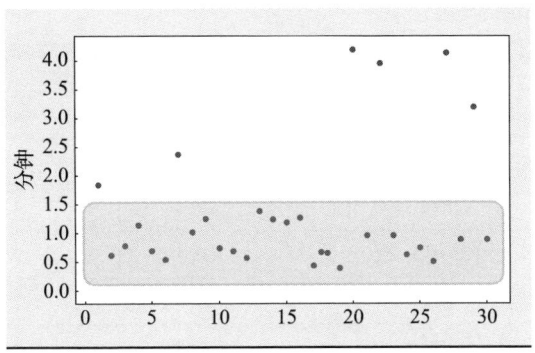

图7-7 等候平车环节时间统计图

0.5~1.5分钟（占阶段26%的时间）

7.2.3.2 分诊环节—工作负荷定量分析

通过对上述120入院至分诊完成这一环节所用时间进行统计分析，我们可以看出，占时较多的流程主要集中在分诊环节。接下来，我们对分诊环节进行细化并进行流程时间占比分析，具体情况如表7-5所示。

表7-5 分诊环节各细化流程及其时间占比

序号	工作项目	时间（分钟）	占比
1	患者分诊交流	207.6	28.8%
2	写纸质材料	81.6	11.3%
3	患者登记信息	67.2	9.3%
4	休息	57	7.9%
5	接电话	49.2	6.8%
6	答复患者问题	39.6	5.5%
7	回答患者问路	34.2	4.8%

(续)

序号	工作项目	时间（分钟）	占比
8	观测120患者	34.2	4.8%
9	协助医生诊疗	30.6	4.3%
10	提醒戴口罩	29.4	4.1%
11	120护士交接	20.4	2.8%
12	找医生	20.4	2.8%
13	呼叫医生	17.4	2.4%
14	找患者	14.4	2.0%
15	引领跟随患者	7.2	1.0%
16	量血压	6.6	0.9%
17	呼叫护工	3.6	0.5%

针对表7-5所统计的分诊环节各个细化流程的时间占比，我们运用帕累托图统计分析工具进行主因素分析。在项目管理中，帕累托图主要被用于找出产生大多数问题的关键原因，从而解决大多数问题。其中的帕累托法则往往称为"二八原则"，即80%的问题是由20%的原因造成的。将帕累托图运用到分诊环节，如图7-8所示，结合"二八原则"进行分析可知，整个分诊环节中患者分诊交流、写纸质材料、患者登记信息、休息、接电话、答复患者问题、回答患者问题、观测120患者、协助医生诊疗9项工作内容为"至关重要项"，占总时长的80%左右，是需要关注的细化流程。并且在这9项工作内容中，患者分诊交流的时间占比最大，应重点关注，其余8项时间占比比较均衡。

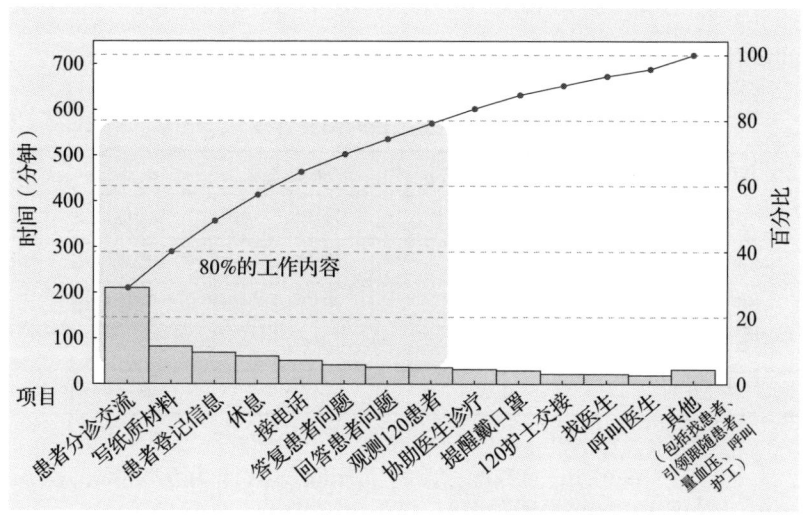

图7-8 分诊工作项目帕累托图统计分析图

7.2.3.3 护士工作负荷分析

定量分析 根据实际工作需求,我们将护士日常工作分为5个模块,分别为分诊治疗、患者答疑、手写资料、休息、寻找呼叫。其中,分诊治疗主要包括患者分诊交流、观测120患者、协助医生诊疗、120护士交接、量血压等工作;患者答疑主要包括接电话、答复患者问题、回答患者问路、提醒戴口罩、引领跟随患者等工作;手写资料主要包括写纸质资料、患者登记信息等工作;寻找呼叫主要有找医生、呼叫医生、找患者、呼叫护工等工作。

我们将工作模块划分好之后,对护士一天的工作时间进行统计分析，定义护士每日工作时间为 12 小时，然后对每一个模块的工作时间进行统计分析，具体分析结果如表 7-6 所示。

表 7-6 护士工作时间统计表

工作模块	所用时间（小时）	时间占比	备注
分诊治疗	5	41.6%	增值活动
患者答疑	2.7	22.2%	显著问题
手写资料	2.5	20.7%	显著问题
休息	1	7.8%	
寻找呼叫	0.9	7.7%	显著问题

由表 7-6 可知，护士一天的工作时间占比为 92.1%，白班的休息时间每天仅有 1 小时，护士每天的工作负荷较大。此外，从护士工作模块的时间占比数据对比可以看出，除了分诊治疗是有助于患者就诊的增值活动，患者答疑、手写资料以及寻找呼叫模块工作时间均占比较大，且都是辅助性工作，如果能进一步缩短这一部分工作的时间，那么护士能将更多的时间和精力放在分诊治疗的工作上，同时也可以在一定程度上减轻护士的工作负荷，所以，患者答疑、手写资料以及寻找呼叫模块的工作流程是我们应该重点关注的问题点。

定性分析 上一节我们通过数据统计分析得出结论：患者答疑、手写资料和寻找呼叫这三个模块的工作流程是造成护士工作负荷大的主要问题点。接下来，我们将通过跟踪观察和访谈的形式对上述主要问题点进行深入剖析，旨在找出造成护士工作负荷高这一问题的根因。具体分析过程见表 7-7、表 7-8、表 7-9。

表7-7 患者答疑模块根因分析表

问题描述	频次	影响指标	根因
一部电话免提坏了,护士腾不出手做记录	已申报修理,迟迟未解决	工作效率 护士满意度	设备设施维护制度不健全
医院所有的咨询电话都打到急诊分诊,分散护士注意力(分诊未必可解决)	8~14次/小时	分诊效率 患者满意度	急诊定位不明确
家属和患者不戴口罩,120患者最突出	40%以上	安全	120未提前提醒(院前管理)
多次规劝戴口罩,易引起患者家属不满(120居多)	40%以上	患者满意度	入院规章要求
问CT、抽血在哪里	30次/小时	就诊效率 患者满意度	目视化标识不到位,无法有效指引患者
挂号后问诊室在哪里,患者不知道去哪里就诊	90%以上	效率 患者满意度	挂号条未标示具体科室名称及编号
引领跟随患者,造成分诊空岗	5~8次/小时	安全&质量 患者满意度	分诊人员不够(1位必然不够,2位当前可应对)
没有排队制度/界限,分诊台前混乱	频繁	工作效率 满意度	标识不到位
多个患者提问/插队问问题,护士顾不上回答,引起患者投诉	非常多	满意度	排队标识不到位

表7-8 手写资料模块根因分析表

问题描述	频次	影响指标	根因
分诊条登记患者家庭住址信息，引起患者不满（认为涉及隐私）	30%~40%	工作效率 患者满意度	信息留存是否必要
花费大量时间手写纸质资料（多次重复信息，3遍以上）	8~14次/小时；2~3分钟/次	分诊效率 护士满意度	信息留存制度合理性 信息系统
年纪大的患者书写不便，耽误时间	40%以上	效率	—
书写字迹混乱，看不清，写错	40%以上	质量	信息系统

表7-9 寻找呼叫模块根因分析表

问题描述	频次	影响指标	根因
告知患者诊室后，患者到诊室发现医生不在	40%以上	就诊效率；患者满意度	外科大夫常在休息室 小科大夫不坐诊
护士不知医生去向，医生不在诊室，也不在病房	20%~30%	分/就诊效率	医护沟通制度 信息系统
分诊找到医生后，发现患者不见了	20%~30%	就诊效率	护患沟通
患者用平车、轮椅，分诊呼叫护工收取押金，等待平车花费时间	30%左右	效率	120与急诊衔接

7.2.3.4 挂号环节流程分析

患者通过分诊环节后，必不可少的一个环节就是挂号，通过对整个挂号流程的实地调研，我们归集了急诊科挂号流程存在的两大问题：

（1）挂号条信息严重缺失，缺乏有效就诊引导。

- 科室、医生、挂号类别等信息均未显示；
- 分诊的分诊条对挂号来说未起到任何参考作用；
- 患者挂号后不知去向，找不到具体科室；
- 患者挂号后仍需要再到分诊询问护士下一步如何做；
- 急诊患者无暇扫描二维码，对年长患者不友好；
- 二维码地图不精准，不能准确定位，对科室指引效果不大；
- 挂号条无效信息多，反而不便于患者操作，耽误患者就诊时间。

分诊与挂号环节上下衔接，挂号条的信息缺失或者不明确，一方面影响患者就诊效率；另一方面对于上一环节的分诊动作造成浪费。

（2）大多患者不知道"先分诊，后挂号"，白排队！

- 标识不明显，容易被忽略；
- 挂号处为财务科人员，不能有效给予患者就诊方向指导；
- 只可用现金1元购买病历本，患者未带现金（找人兑换零钱或跑到门诊的病历本自助售卖机）；
- 患者流程引导不到位，患者排了很久的队伍后，被告知先去分诊，造成患者严重不满；
- 患者未带身份证，口述姓名写错，影响后续相关流程。

流程不清晰，标识引导不明确等问题都会对患者就诊效率造成很大的影响。例如，患者多跑路、分诊重复工作等均会造成患者整个就诊流程的延误，就诊效率降低。

7.2.3.5 就诊环节流程分析

我们对普通内科进行了走访调研，在此过程中我们总结了以下几个问题点：

（1）医生认为分诊不到位。

- 患者本不应该看内科，而是其他科室；
- 患者本不应该看急诊；
- 所有的患者都往内科分，导致普内的患者人流量很大，医护之间传递患者信息失效；
- 分诊已经测过血压，医生不知道，患者需再次到分诊处测量血压造成分诊工作的浪费。

（2）信息系统功能缺失。

- 不能从系统中看到自己的患者信息；
- 不能根据自己的患者人流量有效评估和进行休息调整。

(3) 人力资源配置不足。

- 医生表示当前内科人力配置不足（未来新院如何匹配人力，以当前人力远不够）。

依次对内抢和外抢的问题点进行收集，有以下几个方面：

(1) 负荷大，人力配置需要弹性调配。

- 内抢1名护士看3个（室内）+4个（楼道）患者，同时照看，忙不过来；
- 2~3个重症，1名护士忙不过来；
- 最怕赶上来抢救的心梗/溶栓患者；
- 内抢护士负责做心电图，会顾不上患者。

(2) 患者家属导致的安全隐患。

- 家属在抢救室水池边洗手洗脸；
- 家属把生活垃圾扔进抢救室的医疗垃圾桶；
- 家属在抢救室氧气带给手机充电；
- 过多家属陪同（3~5人），劝离家属会引起不满；
- 家属随意翻动篮子里的药品、液体，想看看给自己家的患者开了什么药；
- 家属私自碰电脑。

(3) 文书手写极多。

- 在不同的单据上至少写5遍；
- 感觉手写非常费时间，很累；
- 看完患者后，要马上写文书，否则来不及；
- 病历手写的字迹不清晰，写错。

(4) 医护及护患沟通偶有矛盾。

- 家属一直催给药；
- 住院过来的患者，带的东西多，没地方放置；
- 嘱咐家属给患者翻身，家属抱怨护士不帮忙/不愿翻身，经常发生矛盾；
- 护士提醒戴口罩，家属不愿意给患者戴口罩；
- 医生让护士为患者戴呼吸机，抢救室没有位置，医生不满。

从以上总结的问题点看，造成各种问题不断发生的原因在于医院科室未建立流程化标准或者执行不到位，患者不清楚医院急诊的就诊模式而导致就诊阻碍。流程上有阻碍，环节上必然会有停滞，导致重复工作现象加剧，进而使得人力负荷超标，突显出人力资源配置贫乏的现状，进一步加深医患沟通的矛盾，降低科室运营及病患就诊效率。

7.2.3.6 医生工作负荷分析

上一节我们通过实地调研，总结分析了就诊环节存在的各种问题，医生作为患者就诊流程中的关键角色，其日常工作负荷的大小对患者就诊环节会产生非常大的影响。本节我们将以抽样观察的统计方法对医生工作负荷进行定量分析，旨在了解医生真实的工作状况。

首先我们以 2020-01-04—2020-01-22 期间普通内科的监控录像为数据来源进行抽样观测，其次定义抽样方式：每经过时间 $t(5$ 分钟$)$ 抽样 $n(1)$ 个单位，设置抽样原则如下。

- 随机：随机挑选 4 名普内医生；
- 对照：普内科 2 个岗位为对照；
- 重复：重复 15 天（白班 12 小时）；
- 盲法：不告知受试者；
- 确定样本容量：本次抽样观察样本容量确定为 4350 次。

最后我们将医生每日的工作进行定义描述，且以字母编码，确定其工作项目如表 7-10 所示。我们将有助于患者就诊的工作活动定义为增值活动，如患者诊治交流；将对患者就诊没有直接价值的活动定义为非增值活动，如医生等待；将一些没有直接价值但是必须操作的活动定义为必要非增值活动，如操作电脑等。我们在做流程优化的过程中，重要的一点就是甄别增值与非增值活动，通过减少流程中的非增值活动降低流程环节中的浪费，达到提高流程效率的目标。

表7-10 医生日常工作项目表

序号	项目内容	增值/非增值	频次
A	患者诊治交流	增值	2020
B	医生交流	必要非增值	18
C	医生等待	非增值	1609
D	室外诊断	增值	10
E	室外活动	非增值	20
F	操作电脑	必要非增值	93
G	离开诊室（诊疗需求）	增值	255
H	患者/家属答疑	增值	63
I	诊断中途电话	非增值	48
J	患者引路	必要非增值	6
K	室内起身活动	非增值	26
L	整理桌面	非增值	1
M	接打电话	非增值	58
N	看/写病历	必要非增值	17
O	带患者外出	必要非增值	1
P	看影像	必要非增值	2
Q	午休外出	非增值	103

本次抽样统计分析对象以普通内科2名坐诊医生和2名实习医生为例，抽样统计结果如图7-9所示。

第 7 章　急诊科的精益六西格玛（二）

普内医生各项工作占比

序号	项目内容	增值/非增值	频次
A	患者诊治交流	增值	2020
C	医生等待	非增值	1609
G	离开诊室（诊疗需求）	增值	255
Q	午休外出	非增值	103
F	操作电脑	必要非增值	93
H	患者家属答疑	增值	63
M	接打电话	非增值	58
I	诊断中途电话	非增值	48
K	室内起身活动	非增值	26
E	室外活动	非增值	20
B	医生交流	必要非增值	18
N	看/写病历	必要非增值	17
D	室外诊断	增值	10
J	患者引路	必要非增值	6
P	看影像	必要非增值	2
L	整理桌面	非增值	1
O	带患者外出	必要非增值	1

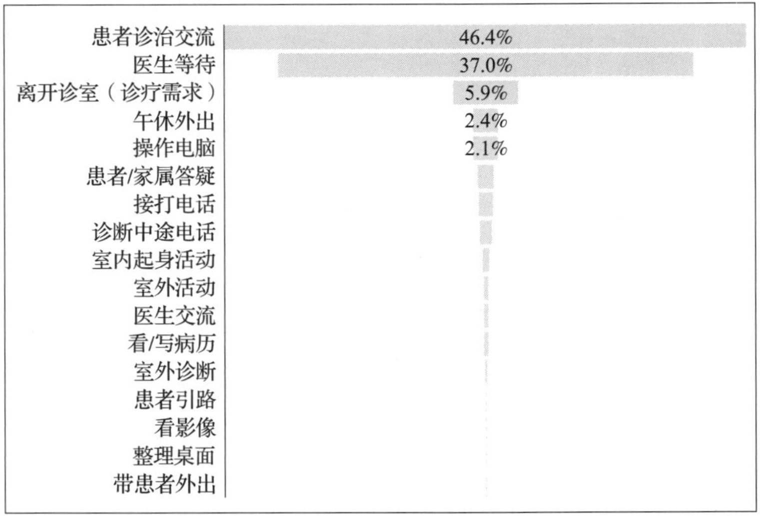

患者诊治交流 46.4%
医生等待 37.0%
离开诊室（诊疗需求） 5.9%
午休外出 2.4%
操作电脑 2.1%

图 7-9　普内医生各项工作占比图

为了更好、更直接地描述医生的工作负荷情况,我们定义指标普通内科医生工作负荷率(Overall Doctor Efficiency,ODE)表示医生的工作负荷占比。其原理为样本空间内,样本观测总次数减去样本休闲总次数,最后除以样本观测总次数,就得到了医生在样本空间内的工作负荷率,其表达公式为:

$$\text{ODE} = \frac{\text{观测总次数}_{4350} - \text{医生休闲总次数}_{c+e+n+z}}{\text{观测总次数}_{4350}}$$

我们将表 7-10 中的数据代入公式得出普内医生工作负荷率为 61.89%,说明普通内科医生白班 12 小时中,有 7.43 小时处于完全工作状态。

普通内科医生的整体工作负荷还是较大,其中一些医生非必要的等待时间将是后续优化改善的重点环节。

此外,我们进一步对医生单位时段的工作量进行了统计分析,具体如图 7-10、图 7-11 所示。

由图可知,医生白班每小时内,均有 43 分钟以上的时间处在非闲暇时间,工作量高峰:10 点、13 点(门诊关闭,患者流入急诊)、16 点;每小时内,均有 29 分钟进行患者诊治,医生疲劳度最强时段为:10-11 点、13-16 点。与此同时,我们对就诊高峰期医生工作量与平常时段医生工作量进行对比分析得知,高峰期诊治时间呈连续分布,患者不间断,医生几乎没有休息时间,医生工作负荷较大;平常时段每次诊治时间在 5~10 分钟之间,诊治时间呈离散分布,工作/休息平稳错落,医生工作负荷较小。

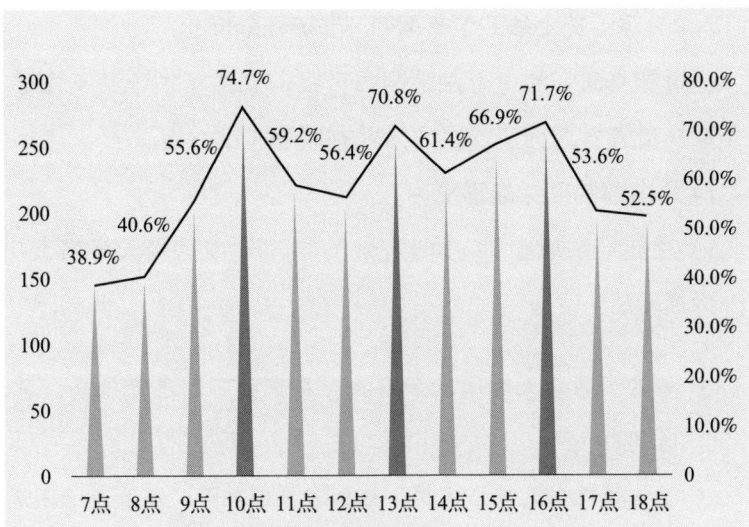

图 7-10　医生单位时段工作量占比

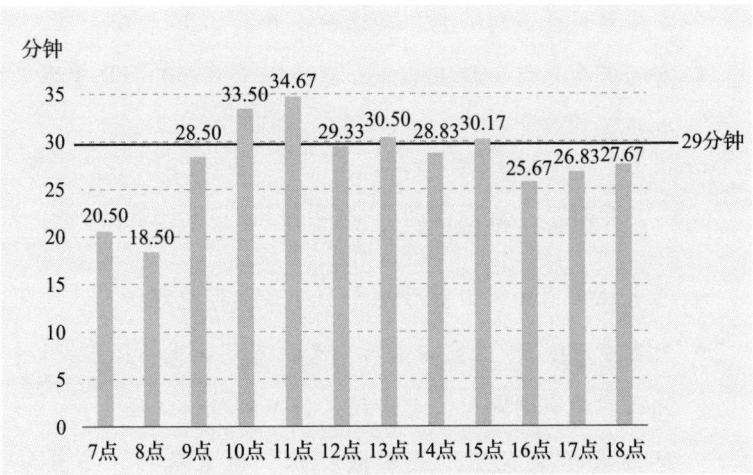

图 7-11　医生单位时段的患者诊治时间

7.2.3.7 护士站工作 & 取药环节流程分析

经过调查研究和患者跟踪调查,我们总结了护士站工作流程以及取药流程各方面所反映的问题有以下 5 个方面。

(1) 内部制度标准不统一。

1)"挂号条规定 24 小时有效"与"输液需当天号当天用"两个标准矛盾。

- 患者卡第二天时间点来输液,系统找不到患者信息,耽误时间;
- 护士强调当天号当天用,让患者重新挂号,引发患者不满。

2) 输液费有时医生开有时护士开。

- 本应是医生开输液费,却让护士开;
- 有的医生要求去护士站开,有的医生自己开,患者感觉不专业。

(2) 患者抱怨(流程合理性/医生排班/空间布局乱)。

- 患者经常不知道缴费后要去干什么,再跑到护士站询问;
- 患者表示缴费/检查回来后,又找不到医生,经常投诉;
- 抽血室没有固定岗,患者经常找不到抽血的医生;
- 患者表示太乱了,看不懂标识,跑来跑去,而且经常白跑;
- 患者反复来回跑,重新排队,引发不满。

(3) 取药潜在问题。

- 取药不提供袋子，家属抱着药品易丢失、掉落；
- 护士发现药品数量不对，与药房确认，引发药房不满；
- 患者自己保存后几天输液的药品，有时会丢失；
- 皮试：患者输液忘记带皮试单子，需要重新做/回家拿。

(4) 医嘱潜在问题。医生医嘱开得不对，护士只能根据经验操作，需要与医生再次确认。

- "静脉点滴"–"静脉泵入"，"肌肉注射"–"静脉点滴"；
- 输血血液科、化验的流向不对；
- 数量问题：液开得多了。

(5) 设备资源不够用：电脑不够，输液等执行单（抢救室/医生）都必须在护士站打印。

7.2.3.8 留观环节问题总结

(1) 患者抱怨。

- 输液室人非常多，护士忙不过来，会引起患者不满；
- 换液：家属忘了、家属过早叫护士、家属抱怨护士顾不上换液；
- 护士和患者沟通时，经常被其他护士/患者打断，引发患者不满；
- 环境拥挤；
- 护患敏感信息沟通。

(2) 开医嘱潜在问题。

- 每天的医嘱都要重新开；
- 每天早上都要开大量的医嘱，非常费时间；
- 希望可以设置长期医嘱和临时医嘱。

7.2.4 患者急诊就诊流程问题关键因素分析

本小节将以调查问卷的形式，从医院医生、护士、管理人员以及其他工作人员角度出发，对以上定量与定性分析出的急诊全流程中所挖掘的各种问题进行关键因素分析，旨在找出影响急诊全流程效率的关键因素，与此同时也对上述分析总结出来的问题点加以印证。

此次调查问卷设置如下：

问卷发放对象：急诊医生（9名）、护士（48名）

问卷维度：

- 急诊全流程/子流程效率；
- 医护关注点；
- 医护改善建议。

问卷发放形式：微信小程序。

问卷调查结果显示，急诊科60%以上的医护人员认为以下问题是影响急诊全流程效率的关键因素：

- 患者相关的处理和沟通流程（如三无人员、住院沟通、慢病终末状态处理、多病共患者）；

- 转入院科室床位资源、流程；
- 科室医护人力资源配置；
- 会诊流程（如到场时间、请示科主任、收入院等）。

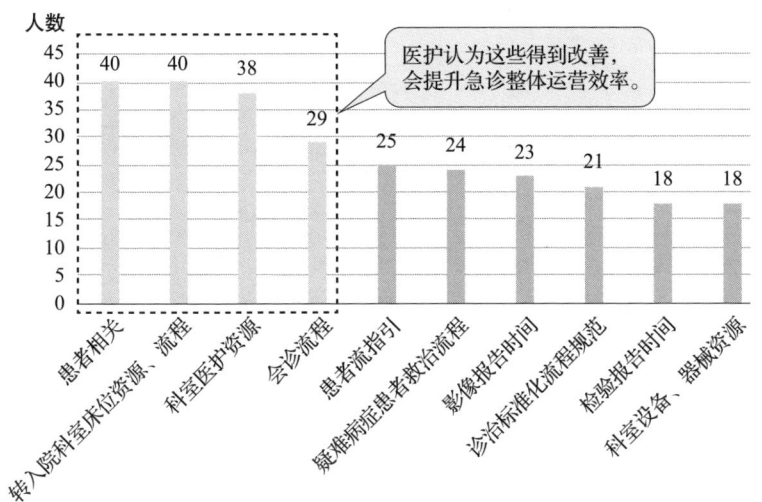

因此我们需重点关注以上流程、深入研究。

此外，问卷还设置了对急诊各环节"效率"打分的项目，具体结果如图7-12所示，旨在筛选出当前医护人员认为效率低的流程环节。结果显示，当前各个流程环节的平均分值在7.31左右，其中会诊环节、影像诊断、转诊、收入院、系统表单填写以及院前流程环节的分值低于平均值，为效率低的流程环节，我们应重点关注。

经问卷调查统计，我们将医护人员对现有急诊流程的优化建议进行归纳总结（见表7-11）。根据医护人员改善建议统计结果可知，医护工作者期望改善优化的问题点，也与我们在以上章节中通过定性与定量分析总结出来的问题点不谋而合，如人力配置问题、工作负荷问题、120 交接流程、挂号、缴费、信息登记流程、分诊信息化缺乏等问题，这也印证了我们对急诊业务全流程现状的诊断分析结果。

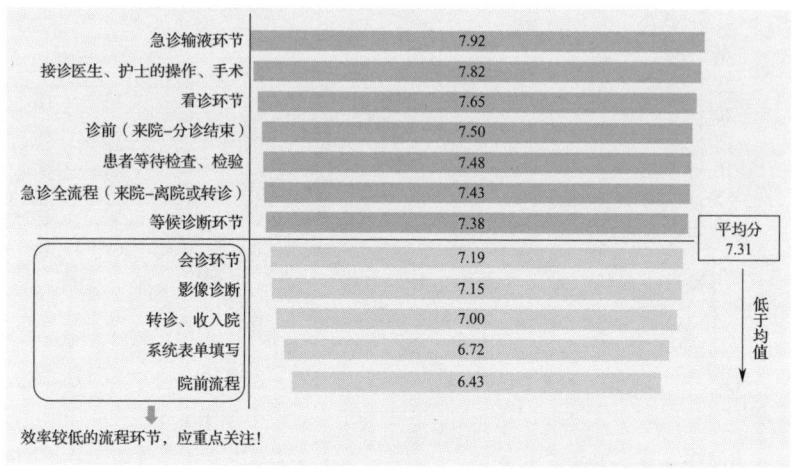

图 7-12 急诊流程各环节"效率"分值表

表 7-11 医护人员急诊改善建议统计表

序号	分类	问题点/建议	岗位
1	流程	院前急救 120 差	分诊护士
2	流程	120 交接流程	护士
3	流程	取药环节及缴费环节	初级医生
4	流程	化验结果慢	护理
5	流程	挂号，缴费，信息登记	医师
6	流程	交通纠纷或事故，需要开证明，耗费时间过长	护理
7	人力	增加医护人员	医师

(续)

序号	分类	问题点/建议	岗位
8	人力	岗位人员配置不合理	护理
9	人力	医护工作人员少,患者及家属人员太多	护理
10	人力	增加医护人员	护士
11	其他	化验室	护理
12	其他	保卫处	护理
13	其他	保卫处	护士
14	信息化系统	分诊信息化缺乏	护士
15	信息化系统	网络系统升级	护士
16	信息化系统	电子病例	护理
17	信息化系统	信息化	护士
18	信息化系统	能够机打输液标签	护理
19	信息化系统	登记各种表格	分诊
20	制度	医院对急诊的支持力度	科主任
21	制度	地方政府的急诊运行制度	科主任
22	制度	护士陪检过多	急诊护士
23	制度	科室应该有导航人员进行指引	护士
24	环境	诊疗空间	临床护士
25	环境	工作环境	护士
26	患者沟通	难解决的问题患者和家属	护士

7.3 分析和改进阶段

表7-12为H医院急诊科流程优化问题总结改善建议表,针对急诊三阶段流程梳理以及问题总结分析,提出对应的改善建议。

表7-12　H医院急诊科流程优化问题总结改善建议表

	阶段1： 病人来院 120-分诊-挂号	阶段2：急诊诊断 & 辅助科室诊断		阶段3： 最终处置 护士站-药房-留观
		诊疗科室（诊室 & 内抢 & 外抢）	辅助科室（检验科 & 影像科）	
针对具体问题	• 120-院内衔接不畅 • 大规模群体病患到达 • 患者等待 • 分诊失误 • 护士人员工作负荷大，工作繁多重复	• 护士人力资源配置不合理 • 医护信息传递、共享失效 • 医护信息系统功能缺失 • 文书手写内容繁多重复 • 护患沟通矛盾 • 医护矛盾（制度职能模糊）	• 检测分析时间长、环节多 • 报告审核时间长 • X光/CT等待 • 运输时间长、批量大 • 标签工作台物品寻找不便 • 设备运行有等待	• 留观区拥挤 • 病床不足，占用通道 • 取药排队长 • 护士频繁走动，工作负荷大 • 医生工作负荷不均
具体解决事项	• 院前告知系统优化建议 • 120-院内衔接流程优化 • 挂号系统功能优化 • 入院登记信息优化 • 分诊位置现场布局合理设置 • 手写登记制度优化 • 医护沟通及信息共享 • 目视化管理（精简）	• 护士人力资源合理分配 • 患者及家属抢救室安全宣教 • 手写登记制度优化 • 信息系统优化 • 急诊内部制度标准化 • 急诊收入患者标准 • 外科医生排班优化	• 影像设备效率评估与优化 • 检验科效率及流程优化 • 工作站优化设计 • 提供分析仪深度数据分析 • 检验科5S管理	• 器械设备等资源匹配 • 快速切换 • 路线可视化指引 • 留观室、药房现场布局优化 • 医生护士常规工作标准化 • 留观区5S管理 • 医嘱制度优化

7.4 本章小结

通过对 H 医院急诊科业务流程进行梳理,以及对急诊科的现状进行深入的调查研究,以定性与定量的方法对各流程环节现状进行深入的分析,重点关注影响科室运营效率、患者就诊效率的痛点问题,我们寻根溯源、归纳总结,从上下游流程衔接、人力资源配置、现场优化管理、现场设施布局以及制度标准化构建等不同方面,提出科学的改善建议,旨在进一步提高科室运营效率,提高患者就诊效率,为科室管理精细化发展提供指导性建议。

附 录

精益六西格玛工具箱

定义工具1：宏观流程图

精益六西格玛的一个核心原则是，任何让客户不满意的事情都是缺陷，如交付周期过长、交货周期不准、质量差或成本高。要消除其中的任何一个，第一步就是从流程的视角观察你的组织如何满足客户的特定需求，通常是创建宏观流程图（SIPOC），如附图-1所示。SIPOC是五个英文单词的缩写组合，分别代表触及事项。

供应商（Suppliers）：提供流程中所有的工作内容或对象（信息、表单、材料）的个人或群体；

输入（Input）：提供的信息或材料；

过程（Process）：完成工作的步骤；

输出（Output）：发送给客户的产品、服务或信息；

客户（Customers）：流程中的下一步或最终（外部）客户。

	A	B	C
1	供应商	输入	过程
2	提供者	要求和测量指标	开始：
3			
4			
5			
6			
7			
8			高阶流程描述：
9			
10			
11			
12			
13			
14			结束：
15			
16			
17			
18			

附图-1 宏观流程图示例

定义工具2：VOB/VOC/VOP

VOB（Voice of Business，商业之声）、VOC（Voice of Customer，客户之声）和VOP（Voice of Process，流程之声）是在项目管理中广泛应用的三个关键概念，也是探究项目需求来源的三个方法。

VOB指从业务领导和组织战略的角度来理解和表达需求、期望和目标的过程。VOB层面的需求来源于医院的业务战略和目标。通过与医院高层管理者和业务领导进行沟通，了解医院的长远规划、财务目标以及服务提升计划。具体方法可以通过审查医院的战略文件、年度报告和业务计划等资料来确保项目与医院的整体业务目标保持一致，并能够为医院提供持续增值。

VOC 指从客户或用户的角度收集和分析信息，以了解他们的需求、期望、反馈和体验。VOC 层面的需求源于医院患者和其他利益相关者的声音。通过定期开展患者调查、面对面的访谈，以及与医护人员和家属的交流，收集他们的期望、痛点和建议。这有助于确定患者体验的改进点、服务质量的提升方向，确保项目的设计和实施能够真正满足医院客户的需求。

VOP 指从流程和系统的角度收集和分析信息，以了解业务运作中的瓶颈、效率问题和改进机会。VOP 层面的需求关注医院内部的流程和系统。通过与医院管理人员和相关专业人员合作，审查当前医院运营流程、信息系统和人力资源结构，识别潜在的效率问题和流程瓶颈。这有助于确保项目不仅解决了业务问题，还能够在医院内部实现更加高效和协同的工作流程。

综合考虑 VOB、VOC 和 VOP 的方法，项目团队可以通过与医院领导、患者和内部专业人员的紧密合作，全面了解项目的需求。这种方法有助于确保咨询项目不仅在业务层面对医院有战略性的益处，还能够提高患者满意度并改进内部流程，促使医院全面提升综合服务水平。

测量工具1：帕累托图

许多流程改进计划失败的原因是人们针对所有的问题进行改进。DMAIC的不同之处在于使用数据查明问题的特定原因，然后为那个特定原因制定解决方案。

帮助团队集中精力解决问题最常用的工具是帕累托柱状图（Pareto Chart）。在帕累托图中，每个"柱子"表示问题的不同元素，"柱子"的高度显示了问题有多少是由这个原因引起的，并且"柱子"按降序排列（见附图–2）。通常来说，最初的几个"柱子"是高的，其余的会短得多。这意味着如果你控制住这些高"柱子"代表的方面，就可以解决大部分的问题。也就是说，把你的精力集中在几个最大的目标上（也叫二八原则）。

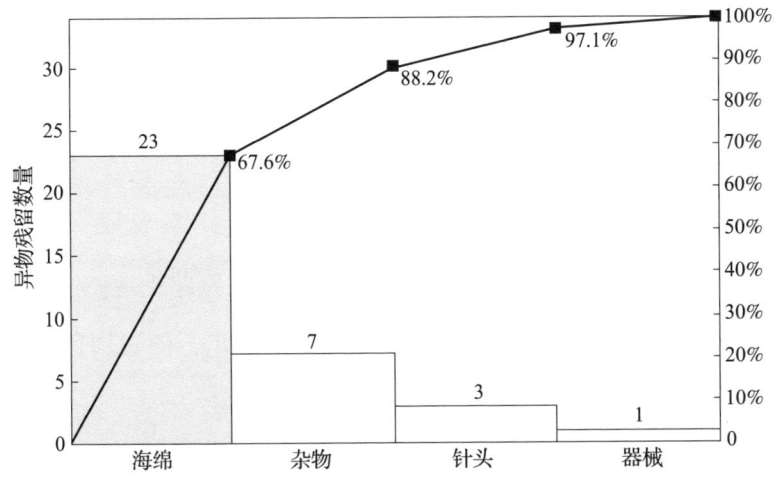

附图–2　帕累托图示例：异物残留

帕累托图帮助团队关注对问题影响最大的方面。这个图展示了不同类型的异物残留发生的频率。团队应该把精力集中在错误类型上，特别是如何解决术后海绵残留在人体的问题。

测量工具 2：时间序列图（运行图）

时间序列图是数据点沿着时间轴顺序绘制的图，如附图-3所示。时间图是一个重要的 DMAIC 工具，原因如下：

- 它们很容易构造。一旦你学会了一些基础知识，就可以用铅笔和纸快速创建一个（即使在这个计算机时代也很有用！），或者轻松地将所需的数据输入软件程序。
- 它们很容易解释。你可以运用一些规则来帮助自己理解在图中看到的内容。
- 解释规则揭示的模式可以帮助你查明问题发生的时间和地点。它们还能帮助你理解流程中的变化，事物每小时、每天、每周如何变化。

时间序列图用于在精益六西格玛项目期间跟踪进度。即使不懂统计学，你也可以从这个时间序列图中看出，随着团队的改进，错误的数量大大减少了。

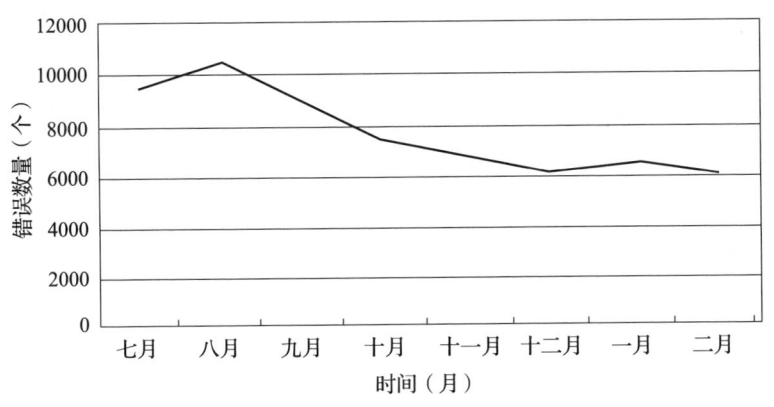

附图-3 时间序列图示例

分析工具 1：因果关系图（鱼骨图）

因果关系图（Cause-and-effect Diagram）是一种思考工具，它可以帮助团队组织整理关于问题潜在原因的想法。这样组织整理想法有两个目的：

（1）这有助于团队确保他们没有忽视潜在的原因。

（2）它帮助团队决定进一步调查哪个原因。

因果关系图有时被称为鱼骨图，因为它像鱼的骨架。正如附图-4所示，精益六西格玛团队对问题的描述放在鱼的头部，潜在的原因被安排在与头部相连的骨骼中。较小的骨头是导致更高一层骨头的最具体的原因类别，以此类推。

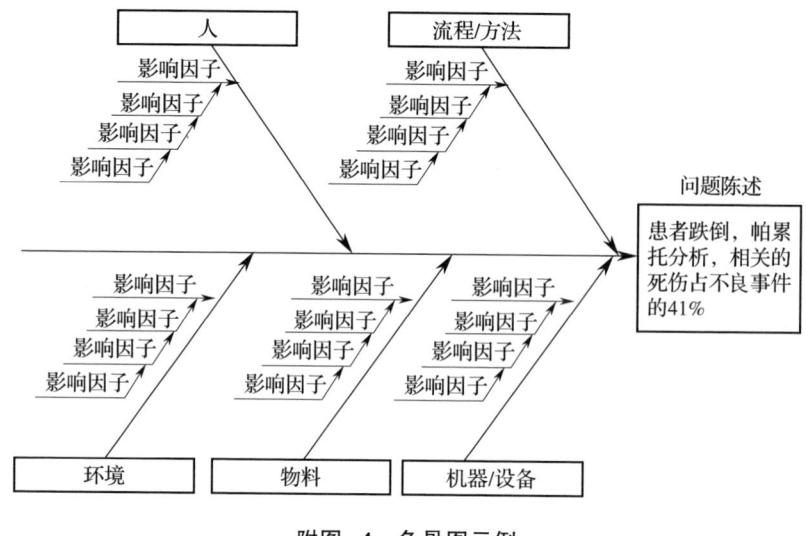

附图-4　鱼骨图示例

这个团队使用了一个鱼骨图来确保他们已经确定了一个广泛的问题,然后,该团队选择了他们认为最有可能的原因,并收集数据,看看他们的想法是否正确。

因果关系图并不能告诉你哪个潜在原因是罪魁祸首。它只是一个很好的方法,让研究团队记录下他们考虑过的猜测,帮助团队决定哪些猜测成为进一步研究的目标,以及最终哪些猜测得到验证。

分析工具2:散点图

散点图是一个简单的工具,可以帮助确定两个测量指标之间是否存在关系。附图-5反映了经纪人的经验是否会影响其完成客户电话的时间。这些散点表明，更有经验的经纪人能够更快地完成电话。

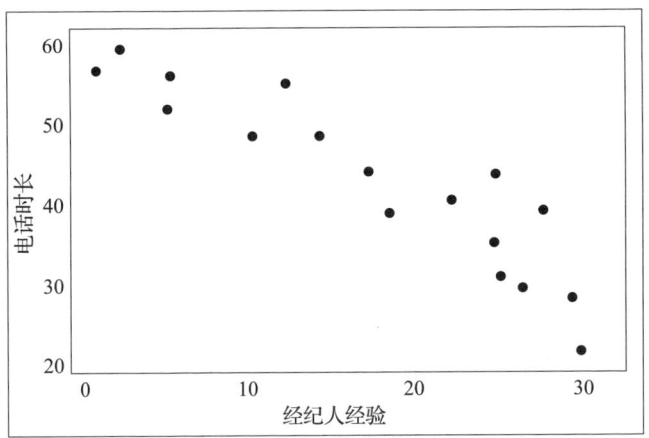

附图-5 散点图示例

以上散点图是由一家经纪公司的一个团队开发的，该团队正在调查为什么完成客户电话的时间会有这么大的差异。在这种情况下，似乎经纪人的经验越丰富，他完成电话的速度就越快。

如果客户对较短的电话呼叫更满意，那么团队就必须弄清楚为什么有经验的经纪人可以更快地完成工作，并将这些知识传授给缺乏经验的经纪人。

散点图提供了一个强有力的视觉图像，可以显示潜在的过程因素与关键结果之间的关系。通常，直观感受就足以确认（或排除）一个特定的因果联系。如有必要，还可以使用更高级的统计工具来量化这两个因素之间的关系程度。

分析工具3：亲和图

亲和图是全面质量管理的新七种工具之一。它是将处于混乱状态中的语言文字资料，利用其内在相互关系（亲和性）加以归纳整理，然后找出解决问题新途径的方法。该方法集脑力激荡（即头脑风暴法，比喻思维高度活跃，打破常规的思维方式而产生大量创造性设想的状况）、分类法、归纳法于一体。

亲和图在面对复杂问题，起初情况混淆不清，牵涉部门众多，检讨起来各说各话时特别适用。亲和图可以帮助我们认识新事物（新问题、新办法）；整理归纳思想；从现实出发，采取措施，打破现状；提出新理论，进行根本改造，"脱胎换骨"；促进协调，统一思想；贯彻上级方针，使上级的方针变成下属的主动行为。

实施步骤可以分为以下八步。

（1）准备：主持人和与会者4~7人。准备好黑板、粉笔、卡片、大张白纸、文具。

（2）头脑风暴法会议：主持人请与会者提出30~50条设想，将设想依次写到黑板上。

（3）制作卡片：主持人同与会者商量，将提出的设想概括成2~3行的短句，写到卡片上。每人写一套。这些卡片被称为"基础卡片"。

（4）分成小组：让与会者按照自己的思路各自进行卡片分

组,把内容在某点上相同的卡片归在一起,并加上一个适当的标题,用绿色笔写在一张卡片上,称为"小组标题卡"。不能归类的卡片,每张自成一组。

(5) 并成中组:将每个人所写的小组标题卡和自成一组的卡片都放在一起。经与会者共同讨论,将内容相似的小组卡片归在一起,再加一个适当标题,用黄色笔写在一张卡片上,称为"中组标题卡"。不能归类的自成一组。

(6) 归成大组:经讨论再把中组标题卡和自成一组的卡片中内容相似的归成大组,加上一个适当的标题,用红色笔写在一张卡片上,称为"大组标题卡"。

(7) 编排卡片:将所有分门别类的卡片,以其隶属关系,按适当的空间位置贴到事先准备好的大纸上,并用线条把彼此有联系的连接起来。如编排后发现不了有何联系,可以重新分组和排列,直至找到联系。

(8) 确定方案:将卡片分类后,就能分别显示出解决问题的方案或最佳设想。经会上讨论或会后专家评判确定方案或最佳设想。

分析工具 4:八大浪费

八大浪费来自准时制(Just in Time, JIT)生产方式,这里"浪费"的含义与社会上通常所说的有所区别。对于 JIT 来讲,凡是超出增加产品价值所必需的最少物料、设备、人力、场地和时间的部分都是浪费。因此，JIT 生产方式所讲的工厂浪费归纳为八大种，分别是：不良、修理的浪费，过分加工的浪费，动作的浪费，搬运的浪费，库存的浪费，制造过多过早的浪费，等待的浪费和管理的浪费。

（1）不良、修理的浪费。所谓不良、修理的浪费，是指由于工厂内出现不良品，需要进行处置的时间、人力、物力上的浪费，以及由此造成的相关损失。这类浪费具体包括：材料的损失、不良品变成废品；设备、人员和工时的损失；额外的修复、鉴别、追加检查的损失；有时需要降价处理产品或者由于耽误出货而导致工厂信誉的下降。

（2）过分加工的浪费。加工的浪费又称过分加工的浪费，主要包含两层含义：一是多余的加工和过分精确的加工，如实际加工精度过高造成资源浪费；二是需要多余的作业时间和辅助设备，还要增加生产用电、气压、油等能源的浪费，另外还增加了管理的工时。

（3）动作的浪费。动作的浪费现象在很多企业的生产线中都存在，常见的动作浪费主要包括：两手空闲、单手空闲、作业动作突然停止、作业动作过大、左右手交换、步行过多、转身角度太大、移动中变换"状态"、不明技巧、伸背动作、弯腰动作以及重复动作和不必要的动作，这些动作的浪费造成了时间和体力上的不必要消耗。

(4) 搬运的浪费。从 JIT 的角度看，搬运是一种不产生附加价值的动作，而不产生价值的工作都属于浪费。搬运的浪费具体表现为放置、堆积、移动、整列等动作浪费，以及由此带来的物品移动所需空间的浪费、时间的浪费和人力工具的占用等不良后果。

国内有不少企业管理者认为搬运是必要的，不是浪费。因此，很多人对搬运浪费视而不见，更谈不上去消灭它。也有一些企业利用传送带或机器搬运的方式来减少人工搬运，这种做法是投入巨资以减少工人体力的消耗，实际上并没有消除搬运本身的浪费。

(5) 库存的浪费。按照过去的管理理念，人们认为库存虽然是不好的东西，但却是必要的。JIT 的观点认为，库存是没有必要的，甚至认为库存是万恶之源。由于库存很多，将故障、不良品、缺勤、"站站停"、计划有误、调整时间过长、品质不一致、能力不平衡等问题全部掩盖了。

例如，有些企业生产线出现故障，造成停机、停线，但由于有库存而不至于断货，这样就将故障造成停机、停线的问题掩盖了，耽误了故障的排除。如果降低库存，就能将上述问题彻底暴露，进而能够逐步解决这些库存浪费。

(6) 制造过多过早的浪费。制造过多或过早，提前用掉了生产费用，不但没有好处，还隐藏了由于等待带来的浪费，失去了持续改善的机会。有些企业由于生产能力比较强大，为了不浪费生产能力而不中断生产，增加了在制品，使得制品生产周期变长、堆放制品的空间变大，还增加了搬运、堆积的浪费。此外，制造过多或过早会带来庞大的库存量，利息负担增加，不可避免地增加了贬值的风险。

（7）等待的浪费。由于生产原料供应中断、作业不平衡和生产计划安排不当等原因造成的无事可做的等待，被称为等待的浪费。生产线上不同品种之间的切换，如果准备工作做得不够充分，势必造成等待的浪费；每天的工作量变动幅度过大，有时很忙，有时人员、设备闲置不用；上游的工序出现问题，导致下游工序无事可做。此外，生产线劳逸不均也是造成等待浪费的重要原因。

（8）管理的浪费。管理浪费指的是问题发生后，管理人员才采取相应的对策来进行补救而产生的额外浪费。管理浪费是由于事先管理不到位而造成的问题，科学的管理应该具有相当的预见性，有合理的规划，并在事情的推进过程中加强管理、控制和反馈，这样才可以最大限度地减少管理浪费现象的发生。

改进工具1：选择图

在每个项目中，团队都会开发出一些他们认为可以解决问题的备选方案。比较这些方案需要一些专业的方法。最简单的一种是选择图（PICK Chart），如附图-6所示。你的团队只需要确定执行解决方案需要付出多少努力,以及你期望得到什么样的回报。通过这种分析可以帮助你确定哪些想法应该实现,哪些可能需要更多的工作,哪些应该放弃。

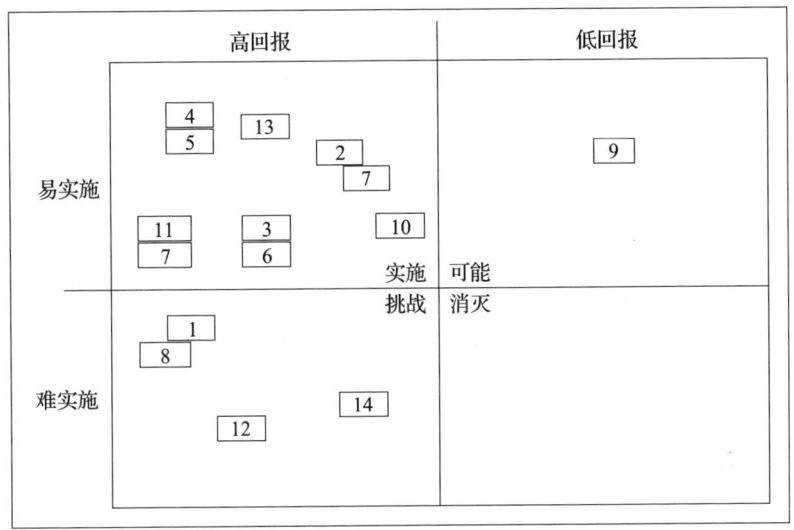

附图-6 选择图示例

选择图将解决方案划分为实施（Implement）、可能（Possible）、挑战（Challenge）和消灭（Kill）四类,以此帮助团队组织确定解决方案的优先级。大多数解决方案很容易执行,并且会有很高的回报——它们属于实施象限。有四个想法会有很高的回报,但是很难实现,所以团队需要挑战这些想法（回报真的那么大吗？有没有更简单的方法来达到同样的效果？）。只有一个方案的回报很小,但是易于实现,因此被认为是可能的。没有任何想法属于自动否定的象限。

改进工具 2:5S 管理

5S 即整理(SEIRI)、整顿(SEITON)、清扫(SEISO)、清洁(SEIKETSU)、素养(SHITSUKE),又被称为"五常法则"。7S 现场管理法:整理、整顿、清扫、清洁、素养、安全、节约。8S 现场管理法:在 7S 基础上加上学习。

(1)整理的含义是区分要与不要的物品,现场只保留必需的物品。

目的:① 改善和增加作业面积;② 现场无杂物,行道通畅,提高工作效率;③ 减少磕碰的机会,保障安全,提高质量;④ 消除管理上的混放、混料等差错事故;⑤ 有利于减少库存量,节约资金;⑥ 改变作风,提高工作情绪。

意义:首先,把要与不要的人、事、物分开,再将不需要的人、事、物加以处理,对生产现场的现实摆放和停滞的各种物品进行分类,区分什么是现场需要的,什么是现场不需要的;其次,对于车间里各个工位或设备的前后、通道左右、厂房上下、工具箱内外,以及车间的各个死角,都要彻底搜寻和清理,达到现场无不用之物。

(2)整顿的含义是必需品依规定定位、规定方法摆放整齐有序,明确标示。

目的:不浪费时间寻找物品,提高工作效率和产品质量,保障生产安全。

意义：把需要的人、事、物加以定量、定位。通过上一步整理后，对生产现场需要留下的物品进行科学合理的布置和摆放，以便用最快的速度取得所需之物，在最有效的规章制度和最简洁的流程下完成作业。

要点：① 物品摆放要有固定的地点和区域，以便于寻找，消除因混放而造成的差错；② 物品摆放地点要科学合理。例如，根据物品使用的频率，经常使用的东西应放得近一些（如放在作业区内），偶尔使用或不常使用的东西则应放得远一些（如集中放在车间某处）；③ 物品摆放目视化，使定量装载的物品做到过目知数，摆放不同物品的区域采用不同的色彩和标记加以区别。

（3）清扫的含义是清除现场内的脏污、清除作业区域的物料垃圾。

目的：清除"脏污"，保持现场干净、明亮。

意义：将工作场所的污垢去除，使异常的发生源很容易被发现，是实施自主保养的第一步，旨在提高设备稼动率。

要点：① 自己使用的物品，如设备、工具等，要自己清扫，而不依赖他人，不增加专门的清扫工；② 对设备的清扫，着眼于对设备的维护保养。清扫设备要同设备的点检结合起来，清扫即点检；清扫设备要同时做设备的润滑工作，清扫也是保养；③ 清扫也是为了改善。当清扫地面发现有飞屑和油水泄漏时，要查明原因，并采取措施加以改进。

（4）清洁的含义是将整理、整顿、清扫实施的做法制度化、规范化，维持其成果。

目的：认真维护并坚持整理、整顿、清扫的效果，使其保持最佳状态。

意义：通过对整理、整顿、清扫活动的坚持与深入，从而消除发生安全事故的根源。创造一个良好的工作环境，使员工能愉快地工作。

要点：① 车间环境不仅要整齐，而且要做到清洁卫生，保证员工身体健康，提高员工劳动热情；② 不仅物品要清洁，而且员工本身也要做到清洁，如工作服要清洁，仪表要整洁，及时理发、刮须、修指甲、洗澡等；③ 员工不仅要做到形体上的清洁，还要做到精神上的"清洁"，待人要讲礼貌、要尊重别人；④ 要使环境不受污染，进一步消除浑浊的空气、粉尘、噪声和污染源，消灭职业病。

（5）素养的含义是人人按章操作、依规行事，养成良好的习惯，使每个人都成为有教养的人。

目的：提升"人的品质"，培养对任何工作都讲究、认真的人。

意义：努力提高员工的自身修养，使员工养成良好的工作、生活习惯和作风，让员工能通过实践5S获得人生境界的提升，与企业共同进步，是5S活动的核心。

改进工具3：TPM

TPM（Total Productivity Management）是以最大限度地提高设备综合效率为目标，建立贯穿于设备生命周期（从设备使用部门到设备设计、制造、计划、保养等所有部门，从最高领导到第一线作业者全员参与），并经团队活动推动设备维护的体制。目前在中国一般将其称为全面生产性管理（Total Productivity Management）。它通过以设备为导向的经营管理，将现有设备实现最高极限的运用。

TPM活动的一个基本目标就是提高设备的综合效率。设备综合效率（Overall Equipment Effectiveness，OEE）是TPM的专用术语，用来表示实际的生产能力相对于理论产能的比率由时间开动率、性能开动率、合格率三个关键要素组成。设备综合效率计算公式为：

$$设备综合效率 = 时间开动率 \times 性能开动率 \times 合格率$$

式中，时间开动率＝开动时间/负荷时间；合格率＝合格品数量/加工数量。

性能开动率是指相对设备固有能力（周期时间、行程数）而言的速度比率即相对于设备原来的性能，现在是以多少比率在运转。

只有当时间开动率、性能开动率、合格率均达到100%时，

OEE 才可以达到 100%。现实中，因各种因素的影响，若 OEE 能维持在 85% 以上，则已具有较高水平。

TPM 的目的就是要排除影响设备效率的"七大损失"，即故障损失、准备调整损失、器具调整损失、加速损失、检查停机损失、速度下降损失、废品损失。通过开展 TPM，将所有损失事先预防，做到零故障、零灾害、零不良、零损失。这种追求零的精神就是日本人的生产管理理念，虽然不可能完全实现"零"目标，但他们会为实现这个目标去制订计划、标准，并切实实施。这种高起点的追求，必将产生高质量的工作、高品质的产品，使得在生产效率最大化的同时，消耗的费用合理，并从中找出最小的消耗点。

典型的 TPM 活动内容分自主保全、计划保全、设备前期管理、个别改善、教育训练、品质保全、间接部门效率化、安全与卫生八个方面，通常称为"八大支柱"。

改进工具 4：SMED

生产流程化的理想状态是工件在各工序上生产一个传递一个，从第一道工序到最后一道工序形成不间断的流水生产，即一个流生产在铸造、锻造、冲压等工序因制造特点需要进行批量生产，也有必要使批量缩小，尽量接近理想的一个流生产，但这样作业切换就会变得很频繁，作业转换总辅助时间就会很长。因此为了减少作业切换总辅助时间，缩短每次作业切换时间就成了实现生产流程化的关键问题，也是实现生产均衡化的前提。

作业切换时间是指从前一种产品加工结束转换到能生产出后一种产品的合格品时所需要的时间。在生产现场，从一种产品切换到另一种产品时，通常都要做许多切换的工作。例如，进行换模、换刀、更换物料和调试等作业切换辅助工作，此时往往要使生产活动停顿下来。生产线上加工的品种越多、生产批量越小，则切换的次数也越多。每次切换所耗费的时间，对工厂而言是一种损失。为了减少这种损失，传统的做法无非增加生产批量和减少产品种类。但是，这两种做法仅考虑到减少切换本身的成本，却忽略了工厂的整体效率。例如，会引起制造过多或过早、等待、库存、搬运、生产周期过长等问题。而丰田公司的做法是减少作业切换时间，减少生产批量。尤其在目前多品种少批量、高品质、短交货期的新竞争时代，缩短切换时间可以明显缩小批量规模，以适应市场的需求。

快速换线通常有以下四个实施步骤。

步骤1：区分内部作业与外部作业；

步骤2：内部作业要尽可能转换成外部作业；

步骤3：缩短内部作业时间；

步骤4：缩短外部作业时间。

改进工具5：目视化管理

在日常活动中，人们是通过"五感"（视觉、嗅觉、听觉、触觉、味觉）感知事物的。其中，最常用的是"视觉"。据统计，人类行动的62%是从"视觉"感知开始的。因此，在企业管理中，强调各种管理状态、管理方法须清楚明了一目了然，从而易于理解，易于遵守，让员工能够完全自主地理解、接受、执行各项工作，这将给管理者带来极大的好处。目视化管理是通过视觉导致人的意识变化的一种管理方法。目视化管理有三个要点：①能判明是好是坏（异常）；②能迅速判断，精准度高；③判断结果不会因人而异。

目视化管理就是利用形象直观、色彩适宜的各种视觉感知信息来组织现场生产活动，以提高生产效率、实施质量过程控制为目的的一种管理方式。目视化管理是以视觉信号显示为基本手段，以公开化为基本原则，尽可能地将管理者的要求和意图让大家看得见，以此推动自主管理、自我控制。由此可见，目视化管理是一种以公开化和视觉显示为特征的管理方式，又被称为"看得见的管理"。

目视化管理是实现精益生产的基础工作，是实现自化和准时生产的有力保证。目视化管理的具体作用表现为以下几个方面：

目视化管理形象直观，有利于提高工作效率；现场管理人员组织指挥生产，实质是在发布各种信息；操作工人有秩序地进行生产作业，就是接收信息后采取行动的过程；在机器生产条件下，生产系统高速运转，要求信息传递和处理既快又准；如果与每个操作工人有关的信息都要由管理人员直接传达，那么不难想象，拥有成百上千工人的生产现场，将要配备多少管理人员。

控制工具1：控制图

在控制阶段最常用的工具就是控制图（Control Chart）。你可以将其视为一个时间序列图，因为所有的数据点按时间顺序来绘制。但是控制图上画有辅助性的控制界限（Control Limits），用于发现和解释数据中存在的模式（见附图-7）。简单来讲，如果任何一个数据点超出了控制界限，就是异常变化的信号，应该有人立刻去调查这个流程中发生了什么。此外，在控制界限内的点的特定模式也会被当作信号来调查。

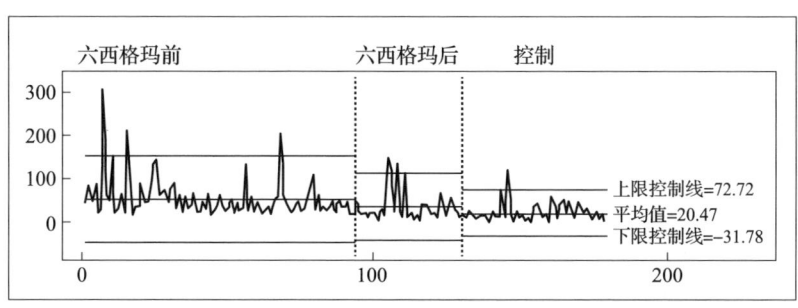

附图-7 控制图示例

与时间序列图一样，控制图按照收集数据的顺序绘制。这些数据点会在表示平均值的一条水平的中心线上下浮动。两条外线（一条在平均值之上，一条在平均值之下）被称为"控制界限"。控制界限之间的范围表示在流程中预期的变化量。超出控制界限的点通常是一些异常正在发生的信号，团队需要进行调查。这个团队看到了项目前后的变化量急剧下降——只要比较一下"控制"阶段与"六西格玛前"阶段，控制界限变"窄"了不少。正如我们在前文中学到的，减少变化是一件好事！

控制图看起来很复杂，但是根据一些简单的数学公式就很容易构造。团队成员通常会通过黑带和统计软件构建这个图表。

控制工具2：防错管理

防错又称防呆，是指通过设计一种方法或程序，消除产生差错的条件或使出错的机会降到最低，它是一种在作业过程中采用自动作用、报警、标识、分类等手段，使作业人员不特别注意也不会失误的方法。防错法是实施自动化以防止异常发生的一个重要方法，它的基本前提是：任何需要通过人员干预和判断的活动，都是有可能发生错误的。

错误是预期过程的任何偏离，它在成功过程所必需的任何条件不适合或缺少时出现。所有的缺陷由错误产生，但不是所有的错误都会产生缺陷。其实，在我们的日常生活中，防错法的应用随处可见。例如，当微波炉的门处于开放状态时，它将不会工作；当飞机的舱门没有关好时，指示灯将一直闪亮等。

防错的作用

防错强化了操作的程序和顺序。当错误发生或产生缺陷时，它可以通过发送信号或停止运行，防止产品或机器的损坏，防止人员受到伤害等。防错的主要作用可以概括为以下三点。

（1）操作动作轻松，提升效率与产品质量。

防错法消除了员工作业困难的工作，防止失误的发生，消除缺陷，可做到第一次即把事情做好，消除返工与检查，提升效率与产品质量。

（2）减少对技能的依赖，尊重员工。

它取代了依靠人的记忆、经验的重复工作/行为，将操作人员的时间和精力解放出来，以从事更具有创造性和附加价值的活动。

（3）消除作业危险，提供安全保障。

防错法能够防止操作员因为失误或其他原因而引起损坏和安全事故，从而有效地保证了生产的安全有序进行。

错误类型

产生错误的原因基本上可归为三大类，即人的原因、方法原因和设备原因。人的原因占了绝大部分（77.8%）。人们犯错误是很自然的事情，所有的人都会犯错误，由于人的因素造成错误的发生被称为"人为错误"。

人为错误是指操作者实际完成的职能与该工作所要求完成的职能之间的偏差。人为错误分三种情况：①未执行分配给他的职能；②执行了未分配给他的额外职能；③错误地执行了分配给他的职能。错误的执行可分为两种情况：按错误的程序或时间执行了职能；执行职能不全面。

防错法思路

防错可以采用消除、替代、简化、检测、减少五个方法。

（1）消除。消除失误是最好的防错方法。它是从设计的角度考虑到可能出现的作业失误并用防错方法进行预防。这种从源头防止失误和缺陷的方法，符合质量的经济性原则，是防错法的发展方向。

（2）替代。对硬件设施进行更新和改善，使过程不过多地依赖于作业人员，从而降低由于人为原因造成的失误。这种防错方法可以大大降低失误率，不失为一种较好的防错方法。其缺点是投入大，且无法防止由于设备问题导致的失误。

（3）简化。通过合并、削减等方法对作业流程进行简化，流程越简单，出现操作失误的概率越小。因此，简化流程为较好的防错方法之一,但流程简化并不能完全防止人为缺陷的产生。

(4)检测。作业失误时自动检测提示,为目前广泛使用的防错方法。

(5)减少。发生失误后将损失降至最低或可接受范围,目前许多智能设备均具备减少损失的功能。

作者简介

王丹,知名学者,在医院管理方面具有深刻的洞察和丰富的管理经验,尤其对于医院薪酬制度设计、患者满意度调查等方面有多年研究,通过对大量一手数据和案例的分析,发表了多篇有影响力的文章。曾任中国医院协会评审与评价工作委员会副主委,中国社会保障学会医疗保障专委会委员,中国机构编制管理研究会理事,北京市医院管理中心临床研究方法学专委会副主委,北京市卫生经济学会常务理事,《中国卫生经济》《中国医院院长》杂志编委;出版了《美国医疗系统——融合商业、健康与服务》《价廉质优:新加坡医疗的故事》《医院院长手册》《欧洲一体化过程中的社会保障制度研究》等著作。

苏杰,振德医疗股份有限公司流程数字化转型首席专家,首席医院管理咨询顾问。曾任毕马威中国医院卓越运营业务负责人,强生医疗医院咨询业务负责人。硕士毕业于南开大学商学院,拥有精益六西格玛黑带大师和密歇根大学精益医疗专家认证。曾负责过上百个公立医院手术室、门急诊、检验科、输血科以及临床科室的精益管理项目,并领导过十余个医院/科室战略规划项目和医院管理集团数字化转型项目。

商浚哲，美国凯利商学院工商管理硕士，现任沃芬医疗服务总监，原强生医疗医院管理咨询团队（ValuMetrix Service）负责人。国内首批精益医疗与实践的倡导者，注重精益六西格玛理论与实战的结合。从事医院运营管理咨询工作16年，熟悉美国医院的运营管理体系，拥有超过20家美国大型医疗机构咨询及流程再造  实施经验。2009年创建强生中国医院管理咨询团队，将精益医疗体系引入国内医院，为国内超过200家医疗机构提供咨询辅导及落地实施服务，项目涵盖手术室、急诊、检验、影像、病人护理和药房等众多科室。累计为国内超过1000家医疗机构的各级从业者提供精益医疗培训，他的演说和讲座深受广大医院管理者及医护行业人员的欢迎。